U0126767

唐君毅哲學的對話詮釋

吳汝鈞等著

臺灣學生書局印行

序

　　這是我在 2018-2019 年度上學期替國立中央大學中文研究所與哲學研究所開的唐君毅哲學的課的現場錄音記錄。我把整個課程分為若干個課題，由同學報告他／她們所負責的課題。在必要的地方，我作為授課老師，會即時提出修正、補充、提問，負責報告的同學作回應，其他聽課的同學也會提出質疑，或表示自己的想法，有時也會向我提問，要我作出回應。整個課程是在一種對話的方式中進行，氣氛相當輕鬆，同學不會感到有壓力，因而能暢所欲言。我把每一課的記錄彙集起來，作某種程度的修改，特別是有很多補充和提醒。在其中我也會考慮及保持同學自己的記錄的個人作風。最後寄到書局印行、出版。

　　參予課程的同學有五位：中央大學中文所博一的張力云負責報告〈由《道德自我之建立》看唐君毅論道德主體與道德生活〉；中央大學中文所博三的楊婕妤負責報告〈在文化意識與道德理性影響下的家庭與社會〉；中央大學中文所博一的余若瀾負責報告〈道德理性的人文矢向〉；上海戲劇學院畢業的中央大學中文所碩一的饒俊負責報告〈從《中國文化之精神價值》看中國文化與人文精神〉。另外，中央大學哲學所的古捷安有來上課，但未有交出報告。我則補上報告〈心境感通〉。另外，我寫〈緒論〉部分，和把去年（2018）在中央大學舉行的唐君毅先生學術思想研討會中所作

的主題演講〈唐君毅先生對儒釋耶的判教論〉補充進來，作為其中一章來發表。同時，我又把我等著的《文化哲學與歷史哲學的對話詮釋》一書中的〈唐君毅論文化意識與道德理性〉（廖純瑜君報告）收入進來，但易其名為〈唐君毅的文化哲學〉，讓本書有更充實的內容。最後，在附錄中我把拙著《苦痛現象學》中一節〈我與唐君毅先生〉收入於本書中，又收入在多年前寫的、發表於《明報月刊》第十三卷第四期的〈努力崇明德，隨時愛景光：痛悼唐君毅先生〉。此篇文字其後收錄於《唐君毅全集卷三十》的《紀念集》中。

　　是為序。

唐君毅哲學的對話詮釋

目　次

緒　論

吳汝鈞

吳汝鈞：這門課有兩種處理方式，一種是以當代新儒學為一學派，廣泛處理有關人物，從第一代到第三代的繼承性，將三代內的代表性人物、思想做通俗性、一般性討論。另外一種是將內容集中在一、兩個代表性的人物上，深刻討論他們的思想，評估在哲學上的貢獻。今天 2018 年，是唐君毅逝世 40 周年，中央大學儒學中心舉行「唐君毅學術思想研討會」。主辦單位有一場主題演講，我的主題演講是關於唐君毅在當代儒學上的貢獻，你們可以參考一下。不如我們就特別針對唐君毅哲學思想，做比較通俗的討論。不過我們也能加一些比較有代表性的人來講。我們以唐君毅作為中心點，就他對儒家、佛教、道家三家的思想的理解，做比較的討論。另外也看看他自己的思想。

我在臺灣出版了一本書——《新哲學概論》，學生書局。這本書主要是寫給本來就有自己的專業，想了解哲學但根基不夠的人，要做一些補足工夫。因此這本書特別強調「通俗性」、「當代性」。通俗性，用比較一般的講法，一般來介紹哲學，introduction to philosophy，通俗討論哲學中的重要問題，強調哲學的「當代性」。

　　當代新儒學這學派，其立場是儒家立場，其發展有幾個世代。從歷史發展來講，我們可以提出中國的儒學，有好幾個不同的時期，有三個或者四個階段。當我們說起中國儒學，我們會把焦點集中在哪方面呢？說說你心目中所了解的中國儒學，有多少個階段，每一個階段有什麼重要的人物？請張力云你說一下。

張力云：先秦儒學有孔子以仁為中心的哲學思想。再來是孟子跟荀子發揚孔子的不同面向：孟子講性善，強調人有四端，惻隱之心、是非之心、辭讓之心、羞惡之心；荀子則講性惡，談「化性起偽」，強調禮的重要。漢代，董仲舒表現外儒內法，以儒學來施政，將儒學提昇到了國學的角度，但實際上做到的不是儒學的真正的道德精神，所以他們只是以氣化宇宙論，來詮釋儒家。魏晉時期，儒學比較低潮，到了韓愈提出道統說。唐朝，佛學非常發揚。宋明時期，為回應佛學的激盪，所以拉回到先秦，而且建立哲學體系。

吳汝鈞：當我們講解當代新儒學的時候，應包含三階段：先秦、宋明、當代。先秦有孔子、孟子、荀子。孔子可以說是開拓出中國文化的大系統的儒家宗師，他的成就是在哲學與教育方面。他有七十二位弟子是比較有成就的，這些弟子能繼續開展哲學思想，使孔子成為創造中國文化的最重要人物。在每一個文化系統中，大概四、五百年才能出現一個。孔子在儒學上提出很多觀念，最重要的觀念是「仁」，在行為上怎麼展現所謂的道德性格？這正是「己所不欲，勿施於人」，這是比較消極方面的表示；比較積極的表現，是「己之所欲，施之他人」，就是把你喜歡的東西，盡量給他人分享。

　　再來孟子也是一個代表。我們稱孔子是「至聖」，孟子是「亞聖」，主張性善論。荀子是性惡論，特別強調禮，提出了隆禮思想，對原則性的德性，隆而重之。總之，孔夫子是講「仁」，孟子是講「義」，荀子是講「禮」。仁、義、禮概括了儒家的整個思想。另外還有道家，先秦道家有兩個重要人物：是老子跟莊子。一般來講，我們是以老子為先，莊子為後。認為先有老子，才有莊子，老子是一位開創道家文化的宗師，莊子是承繼老子的，這是大家共識的。可是著名的史學家錢穆，提出不同的看法，他以莊子為先，老子為後。在一般性的看法以外，尚有人提出比較特別的說法，我們要注意這個問題。

　　漢代提倡儒家思想，混合儒家的思想和當時流行的氣化宇宙論，就道德是通過氣化宇宙論這個維度 dimension 來說。董仲舒從這個氣化宇宙論這方面來講儒家的思想，將孔孟荀講仁、義、禮外在化。氣化宇宙論就是以氣作為整個宇宙的基礎和中心。漢代重點是放在外在的世界，不是在我們心靈那種層次，正宗儒家是沒有什麼發展，反而是向物質性那方面發展，就是唯物主義。以氣作為一種基本元素向前發展，而成就一套解釋種種事物的生起、變化的哲學。

　　我們在這裡稍微提醒一下。就東、西方的哲學來說，大概不出兩種型態，一種是唯物，另一種是唯心。唯物是以物資為基礎的元素，而唯心是以心靈精神意識作為基本的元素。就我們從專業哲學研究來講，是比較傾向心靈與精神，是以人的心和思想作為基底。可一般人的想法跟我們的想法不一樣，他們認為唯物論比較好了解，物最有基源性。唯心論相對來說比較難了解。所以對一切不同的文化發展表現，如科學、道德、醫學、藝術、宗教等，都是以物

質作為基本來描述。我們比較專業的,向比較具有深度方面鑽進去,就不是這種想法。我們以心靈、精神、意識為宇宙最根本的要素。

張力云:我覺得不可以單純說它是純物質,或是純心靈。它是物質通過心靈的處理,然後我們自己構建出來的。說到底,心靈比較重要。

吳汝鈞:心靈比較有這個基礎?以心靈作為最基本的要素,你這樣的想法,就不是唯物主義,這是唯心論。

張力云:但是我有我的自由。

吳汝鈞:你有自由?這樣好啊。自由是唯心還是唯物呢?就是我們人有自由,有言論、集會、信仰的自由。自由有很多種,你的意思是由個人的主體來決定,而不是由客體,不管客體是上帝也好,還是物質也好,都是對象。就是我們以主體(subject)的身分去認識客體事物(object)。你是認為 subject 比較重要。大陸不少人靠近這個趨向,一方面他們說唯物主義;另一方面,他們也對心靈、精神、意識這方面感到興趣。這種相互交攝的概念,就像印度教是宗教跟哲學合起來,哲學有宗教信仰,宗教信仰裡面有哲學,因此印度的思考對東方思想來講,比較複雜。他們也講神,但不是獨一無二的神,不管你是說耶和華,或者是耶穌,或救世主彌賽亞,都是一神教。基督教裡面表現出來的,之後也在伊斯蘭教即回教表現出來。印度教最基本的要素,是強調多神,如河有河神、山有山神、天上有天神,是多元的宗教論。所講的神是多元的。這關聯到自然現象,有種種不同的現象,都各各有一個神來管制。而西方呢?是

一神教，基督教相信耶和華，回教相信阿拉。基督教是由耶穌開拓出來，回教是穆罕默德開拓出來。不管是耶穌也好，穆罕默德也好，都是講一神教，而且是不可代替的神。

那我們繼續講儒學到宋明理學的發展。基本上，根據牟宗三的說法，這應該分為三個系統。第一個從周濂溪、張載、程明道作為代表。另外一個系統就是強調心學，就是陸象山、王陽明為代表，強調心學，他們開出陽明學。再來還有一個系統，就是朱子與程伊川兩個人發揮出來，強調理的觀念。所以有這三個系統。一個就是周濂溪、張載，一個就是程朱理學，另一個就是陸王心學。

再來是當代新儒學。當代新儒家可以說跟京都學派是在東亞最有分量的哲學派別。在改革開放以前，儒學是受排擠、壓抑的，改革開放以後，這個情況就有所改善。在兩岸方面，把當代儒學看成為是一個做研究的重點，當代新儒家的人很多，被確定下來的就是三代，三個 generation，另外第四代也慢慢有人提出來。儒學從清代以來，經過長時期的發展，但在清代到當代，對於終極真理如何了解、如何去體證終極真理，講形而上學、知識論、道德哲學，講教育的問題、宗教信仰問題等多方面。門戶慢慢打開了，兩岸三地一起研究，把當代儒學看成是一個研究的重點，我這裡就簡單講一下他們的發展。

第一代人物比較多，有人曾經把他們做過區分，有兩堆人物，代表的人物就是熊十力。熊十力是當代新儒學開創的人物，這個人很厲害，智慧很高，哲學理論的思考力很強。然後分有兩群，第一群是梁漱溟，再來是馬一浮，這是比較嚴格的講，他們的學問基礎偏向儒學發展這方面。另外一群跟他們年紀相當，不是很純粹的講儒學，他們的專業不完全是儒學，他們另有自己的研究範圍，不過

他們對儒學也做過相當深的研究，也提出貢獻，我們也不能忽略。這一群人跟熊十力等三人是同一世代，我就把通常來講的那幾個學者列出來：馮友蘭、錢穆、賀麟、方東美跟張君勱。其中，馮友蘭是寫《中國哲學史》。錢穆則是研究史學。賀麟的專業是德國觀念論。不過他也在儒學方面做了不少研究工夫，尤其是心學方面，德國觀念論特別是黑格爾著作的重要的中文翻譯都是他做的。方東美的學問非常廣闊，包括東西方哲學，很多元的一個學者。張君勱在1958 年，與唐君毅、牟宗三、徐復觀四個人共同發表了一個宣言，就是〈為中國文化敬告世界人士〉，這是非常重要的文獻，他們四個人共同署名，一起向國外學者提出要以一種開放的角度，來看中國儒學的發展，這篇論文就成為當代新儒學非常重要的文獻，除此之外，張君勱還有參加政黨。第二代就是唐君毅、牟宗三和徐復觀，這三個人都是跟張君勱一起簽名，發出〈為中國文化敬告世界人士〉宣言的。

　　這三個人都是熊十力的學生，他們學問基礎深厚，在內容上面深度、廣度都達到相當高的水平，理論方面非常嚴格，跟上一代有多方面的不同，注意到西方哲學，特別是唐、牟，能夠以西方哲學面相來談儒家的哲學。目前我們提起當代新儒學，主要就是以他們三個作為代表人物。他們著作相當豐富，對後來的影響非常深遠，甚至對第四代也有一定的影響。

　　第三代就是杜維明、劉述先、成中英跟余英時，這四個人裡面也有不同的專業。杜維明主要研究歷史。劉述先主要研究哲學。成中英著力於西方哲學，後來轉到儒家。另外一個就是余英時，他也是學歷史，他的老師就是錢穆，也可以說錢穆的弟子中，成果最傑出的就是余英時。不過，余英時對這種分法持保留態度，他在一本

書中提到錢穆與新儒家，不完全是同一條路，他跟錢穆並不完全認同熊十力的新儒學。他們屬於歷史路徑，以歷史研究為主。第三代中有兩個是研究哲學的，兩個是研究歷史的，我們是比較強調研究哲學的劉述先跟成中英。這四位學者基本上都是海外的，不是在中國本土。第三代的貢獻如果跟第二代比較，你就會看到：他們目前還是沒有提出有分量、有原創性的一套哲學，還沒有拿出一些足夠有代表性的鉅著，就是 Magnum Opus。可是他們在國外是非常活躍，在西方重要的大學中擔任教授，比如杜維明是哈佛大學歷史方面的教授，成中英是夏威夷大學的哲學教授，還有劉述先是美國的南伊利諾州的大學的教授，後來他回到香港，在香港中文大學裡面當系主任跟講座教授。余英時也是西方比較有名氣的學者，待過好幾所大學，如普林斯頓大學、耶魯大學。這四個人在學術上的重點以及貢獻，不是提出一套在內容的深度、廣度、理論上的嚴格性，達到相當的一個水平。他們的主要貢獻就是在海外以英語把新儒學這套哲學介紹出去。總之，跟第二代做比較的話，第三代的哲學分量還不是很強。

至於第四代，年紀跟我差不多，應該是同一個世代，這方面的人員人數非常多，而且在中港臺，特別是在中國大陸，對儒家有一定程度的研究，這可能跟大陸走改革開放的路線有一定的關聯。他們主要是在中國大陸裡面寫很多論文，也出版了很多專書，有一些影響力，通常大概都認為有一些在大陸積極傳播新儒家的哲學。我這裡有一些人名：郭齊勇、景海峰、鄭家棟、顏炳罡、丁為祥、蔣慶、陳來以及王興國。嚴格來講，算不算第四代，在這方面還是沒有共識。臺灣方面，許多都是第二代的學生，以鵝湖為主。有些人尚在發展中，思想、學問還沒有完成。能不能把他們看作當代新儒

學的第四代,還很難說。

在這裡我想做一個說明。我是站在一個中性的描述崗位,提出當代新儒學的人物,這裡面沒有評估的作用。就是說,我並不以為能夠在當代新儒學裡面占一個席位,是一件很光榮的事情,是值得我們去敬佩的。我不是這個態度,我是純粹就他們的學問內容來講,那是不是一種榮幸,覺得好像屬於這個學派,有光榮之感,我不是這樣想的。純粹是一種描述。其次是蔡仁厚,有時候有人把他看作第三代,但也有人對他持保留態度,因為他在學問上幾乎全部都是吸收牟宗三的講法,來發揚儒家的思想。牟宗三是第二代中非常重要的人物,對儒釋道這三家都有鉅著、有專著,特別是研究宋明理學,提出三系說,寫有《心體與性體》(共三冊),跟《從陸象山到劉蕺山》,一共是四本書,講儒家哲學了不起的。在大陸也是熱門被研究的人物。王興國就寫了一本大書,六七百頁左右,專門研究牟宗三的哲學。馮友蘭認為我們在研究哲學的時候,有兩種態度:照著說、接著說。照著說就是他講什麼,你就照他的講法再講一趟;接著說是能夠承接某一個學派或是哲學家的思想,再往後開拓、發展。這是兩種作學問的方式,當然是以接著說這種作法是最好的。蔡仁厚就是照著牟宗三的講法來說,如果你光是照著說,這樣能不能算是當代新儒學裡面的一個代表性的人物,這很難講,應該不是,因為沒有開創性的成果,是重新按照自己心目中的學者,將他的著書的內容再講一遍,只不過是用比較現代化、比較通俗的方式來講。比如說我剛才提過,牟宗三為宋明理學研究寫了兩部大書,提出三系的說法,這是牟宗三特別強調的,那就是有周濂溪、張橫渠、程明道、胡五峰跟劉蕺山,這五個人可以說是一種學派。而蔡仁厚的代表作——《宋明理學》,分成北宋篇跟南宋篇,

事實上就是照著牟宗三的講法寫成。有些人就是因為這一點將他放到第三代，可我個人就不是這樣看，你作為當代新儒學的一個成員、一個代表，你應該提出一些有創見的，你自己打拼出來的著作，才能算是當代新儒學裡面的代表。

目前還沒有人把三代或四代的人物思想作一總結描述的書。之前中研院文哲所舉辦過「當代新儒學與京都學派」的研討會中有稍微提到，但到現在還沒有一本現成的書來提供這方面的內容。今天的課就上到這裡，下一節繼續。

吳汝鈞：我們將本學期課程焦點聚焦在唐君毅，他是當代新儒學的第二代，著書相當多。自從香港中文大學成立以來，他擔任哲學系系主任，後來為講座教授，他一直繁忙於學術研究跟系務工作，擔負的責任太重，身體就不好。1978 年逝世，距今（2018 年）40 周年，今年國立中央大學有關單位主辦關於唐君毅的研討會參與的人數非常多，大概有 7、8 個單位合辦，很多單位協辦。

有關唐君毅的哲學，我在這邊列了六個題材，每個同學負責一個題材，擔任講者。擔任講者時，在課堂上發表自己的報告。發表中，我或同學們都可以針對報告進行補充或是修正，並且提出問題，讓講者及時回應。如果有任何意見都可以討論，整個過程是一個對話的方式，希望用這種方式，就是不只是我講，你們聽而已，你們要宣讀報告並且提出自己的看法。

討論主題次序大體上訂為：「道德主體的理論立場」、「文化活動的理性基礎」（縮簡為「在文化意識與道德理性影響下的家庭與社會」）、「道德理性的人文矢向」、「中國文化與人文精神」、「心境感通論」、「對儒釋耶三大教的判釋」，六大主題。

「道德主體的理論立場」，主要參考唐氏的《道德自我之建立》一書，這是幾個題材中，最淺白的一本文獻。書中提到很多哲學問題，特別是道德主體問題。唐君毅整套學問理論立場就是道德自我觀念。道德自我就是道德的主體性。「文化活動的理性基礎」主要參考《文化意識與道德理性》。「道德理性的人文矢向」，主要參考《人文精神之重建》（上）（下），算一本。談論的都是道德理性的人文矢向。上面提到的這兩本書是唐君毅早年的著作，所以字眼比較普通，不是專門的概念。這兩本書應該不難讀。「中國文化與人文精神」設計範圍很廣，不過很多問題都屬一般性的。這方面的著作是《中國文化之精神價值》以及〈為中國文化敬告世界人士宣言：我們對中國學術研究及中國文化與世界文化前途之共同認識〉。後者是一篇宣言，它站在中國文化立場、儒家立場宣言，以一種客觀和同情的態度談論中國文化的問題。很多有關的外人把中國文化問題界定為科學探究、外在化、機械化的方式來處理中國文化是一個很嚴重的問題，這種做法不正確。有進一步修正，再建立一種正確態度，來處理中國文化的問題的需要。這篇宣言是在1958 年元旦發表的，是一份重要文獻。這個文獻的作者是唐君毅起草，四個具影響力的學者共同署名：唐君毅、牟宗三、徐復觀、張君勱（除張君勱外，其餘是熊十力的學生）。當時亦有邀請余英時的老師──錢穆署名，但是錢穆沒有答應，不知是何原因，但可以看出他和熊十力的立場不完全一樣。如果當時在歷史研究非常出色的錢穆也願意簽名的話，那影響力會更大。這份宣言是當代新儒家重要的一篇文獻，除了國內中文版外，還有對國際發表的英文版。這篇宣言最後收錄在唐君毅的《說中華民族之花果飄零》和《中華文化與當今世界》兩書中。這篇宣言本來安排在這一門課中

處理。但因它是四個人署名發表，不純粹是唐君毅的著作，便取消了。

「對儒釋耶三大教的判釋」是我自己寫的。在《生命存在與心靈境界》中講得很複雜而詳細。這是唐氏晚年的著作，也是最難讀的書。那幾年他病痛纏身，聽說剛校對完這本書的第二天就離世了。像他這樣的身體狀態，不應該寫如此難度高的書，這會降低他對病痛的抵抗力。但他認為這本書有很多話非常重要，其他幾本代表性的書裡談得比較少。他認為人類的心靈發展，可以發展出九個境界。上冊有六個境界，包括科學、數學、一般的道德，還有道家等等，下冊有三個境界，是宗教意味比較重的，就是儒家、佛家、基督教。他花了很多篇幅來講這三個宗教，也可以說是三種哲學。哲學與宗教的關係非常密切，你不能光談宗教，不談哲學；也不能光談哲學，就不談宗教。既有哲學上的開拓，也有信仰上的深度。

第一章　由《道德自我之建立》看唐君毅論道德主體與道德生活

張力云、吳汝鈞

吳汝鈞：唐君毅的哲學，在報告以前，我有一些有關唐君毅在當代新儒學裡面有什麼重要性，他跟其他新儒家的人物有什麼不同，特別是他勝過他們的是在哪一方面，或者哪幾方面？上一次我們講過，當代新儒學的一、二、三代的代表人物，唐君毅是第二代。然後，我們看他在當代新儒學中，有什麼特色。

　　我們在這裡總括為兩方面，一方面是內聖外王的問題，內聖就是指個人的道德修養這方面，這可以說是從孔孟經過宋明儒學，一直到當代，他們都對內聖外王是有意識的、有感到這方面的問題。內聖就是個人的道德修養，外王就是在政治、文化、教育上，有什麼表現。在這個內聖外王討論中，唐君毅除了很重視個人的道德修養外，也注意到外王的問題。通常我們認為內聖是屬於道德實踐這方面，外王則涉及周圍的環境。唐君毅對於兩者都有關心，他參與種種的社會的活動（特別是文化活動）。我們可以這樣說，儒學整個傳統基本上是開拓內聖的方面（道德實踐方面），在外王這方面參與的比較少。唐君毅繼承梁漱溟。梁漱溟除了作學問之外，還參

加社會運動，在山東鄒平那一帶，搞所謂的「村治」，可以說是在教育，灌輸一些科學、宗教方面為主的思想，讓農民不光是耕田、耕作，同時也希望他們作為社會的一分子，參與種種的文化活動，包括政治活動。唐君毅繼承了梁漱溟的這種志願，除了作學問以外，還非常積極參與社會活動，主要在教育這方面，盡力去提升我們中國文化，使它普遍化。在 1949 年共產黨席捲中國大陸，有些人（主要是知識分子）認同共產黨的那套講法、思想、目的，所以他們認同共產黨，就留了下來，有些人則離開了。

在當代新儒學裡面，留下來的有好幾個，就是熊十力、梁漱溟這幾個第一代；不願意待在大陸，接受共產黨的統治，也有幾個人，就是第二代的唐君毅、牟宗三跟徐復觀。牟宗三跟徐復觀到了臺灣，唐君毅就到了香港。他就跟當時在歷史研究問題上有相當大的貢獻的錢穆，以及學習經濟學的張丕介，這三個人合力在香港創立新亞書院，透過這個新亞書院來傳播中國的傳統思想跟文化（尤其是儒家文化）。先是聚集一些有關的人士，然後去尋找地方，並且邀請外面一些學者參加他們的新亞書院學術性的活動，這中間當然有很多曲折，不是那麼順利，不過最後新亞書院還是成立了。他們講求的重點在學術文化這方面，唐君毅在這方面參與的最多、最努力。所以就有一些比較年輕的同學，特別是從大陸跑下來的，那些年輕的學者是流亡的青年，在香港沒有親人，一下子也找不到工作，所以唐君毅就把這方面的人才聯繫起來，讓他們在新亞書院裡面讀書、做研究（當然是以儒家思想為主）。早期的新亞書院在創辦的歷程中有很多諸如經濟的來源等的困難，唐君毅他們勉強撐起了新亞書院，因為他們覺得共產黨跟我們中國傳統文化，特別是儒家文化差異很大，中國文化跟共產黨在思想上、哲學上都不投契，

或者是說相違背。所以他們就打出一個要恢復、發展中國的精神文化，以精神為主幹的種種的文化活動，這是他們努力的焦點。

當然在這段時間，是 60 年代初期，有十到十二年左右，那段時間可說是他們多方面都感到有困難，慢慢應付、適應的歷程。主要是收留這些大陸、香港的知識青年。新亞書院有大學部跟研究所，他們所聚焦的就是在研究所方面。在研究所這方面，他們讓當時那些流亡的青年能安心留下來，認識、研究中國文化。後來中文大學成立了，就是崇基學院，聯合書院，另外是新亞書院，由這三個學院（書院）為骨幹，成立了中文大學。當然中間是經過很多行政上的程序，情況也是非常艱苦的。原先只有香港大學一家大學，後來中文大學成立了，就變成有兩家大學。在香港比較長的一段時間裡面，主要就是有這兩家政府承認的大學。學生們畢業以後，就給學士、碩士，到了 80 年代左右，就有了博士。這三方面初具規模。唐君毅在這方面付出了很大的工夫，時間跟精神，可以說他是中文大學的一個主力，然後就往後發展，他也擔起很繁重的行政事務，一方面擔任哲學系的系主任，又當以中國哲學為主的講座教授（Chair Professor）。他在這方面的做法可以說是一種外王工夫，內聖跟外王基本上是兩種事務。內聖講學問，外王關心教育、政治等種種事務（主要還是以教育為主）。在當代新儒學的那些成員裡面，唐君毅在外王方面可說是出了大力，所以有人認為唐君毅的努力有兩方面：一方面是學問，另外一方面是文化，聚焦在中文大學。我們通常講的當代新儒學，很積極參與這種外王的事務。他把這個學問跟事務行政，不斷推廣開拓，以本有的成績為基礎，繼續向社會各方面開拓出去，可以說是一種文化活動。有人認為唐君毅推行文化活動，成就還是很有限，因為香港人本來就對文

化、學問這些方面都不是很感興趣，唐君毅在進行這種文化活動裡面，成就有限，這要怎麼樣去評估呢？他在文化活動裡面所做出的種種的工作，當然是有價值的事情，可是這個價值高到甚麼程度？發展到什麼程度？這就是見仁見智。當然很多人同情唐君毅的這種文化的理想，但理想在現實上也會遇上很多困難，不能夠很興旺的發展下去。唐君毅在外王這方面的貢獻，我們暫時也不容易做一個公平的評估，這方面要由歷史來決定。他的學問還是在一般的知識青年裡面產生不少的影響。如果將文化、行政事務綜合起來，以文化活動作代表，看唐君毅在香港所主持、領導的中國文化活動到底有多少價值，值不值得他花那麼多時間，殫精竭思來進行這方面的工作呢？他們在學問跟文化運動的貢獻還不能做蓋棺論定，特別是大陸改革開放以來，他們對當代新儒學也有另外一種評估，以前他們評估得很負面，他們把儒家這種哲學思想視為唯心主義，有反動的意味，不是唯物主義的。這種評估在改革開放以後有了基本上的轉變，共產黨開始漸漸的認同儒家的哲學思想，雖然新儒家的立場不是唯物主義，可是他們對中國文化，尤其是哲學的研究，有他們的價值在裡面。在開拓文化活動這一方面，唐君毅的貢獻怎麼樣去評估，不是我們一兩個人可以做得來的，要看歷史的發展。

　　現在當代新儒學的這套學問、哲學，在大陸漸漸廣泛的流行，很多人都作為一種學問來做研究，於是開花結果。以前唐君毅曾經反省過，自從共產黨統治中國大陸以來，在大陸，生活在一種共產主義的制度中，他們沒有太多的自由來發展自己覺得有價值的東西，而現在我們漸漸看到當代新儒學在大陸，不會因為他們認同唯心主義而無法發揮，當代新儒學到現在還是發揮他們的作用。很多人重新認識、評估中國文化，特別是以儒家，接上道家、佛教等幾

方面的思想，他們還在研究這個階段，最後結果是怎麼樣，我們現在無從知曉。

　　不過大概是上個世紀，90 年代左右，國際情勢在政治、軍事上起了很大的變化，一直以來，毛澤東跟很多所謂國家的領導人，都講有三個世界。第一個世界是「超級大國」，超強權的大國，就是美國跟蘇聯；第二個世界，就是以民主思想作為一個基礎，來建立他們的國家，其中學術研究、講學都有一定的自由，科技也到了一定的水平，雖然沒到美國跟蘇聯的程度，可還是有他們一定的高度，這是指「發達國家」（developed country）。在政治、科技達到民主的成就，其他也都有一定正面的發展，是指歐洲，以法國、英國、義大利和德國為主，還有日本，這方面的國家，連起來就成了第二世界；那第三個世界，就是除了第一第二兩個世界以外，其他國家都是屬於第三世界，即還沒有發達、尚未發展的國家，雖然他們在發展中，可是沒有到滿意的程度，現在正在發展的這些國家，就是「開發中國家」（developing country），整個方向都是向民主、政治、經濟這幾方面慢慢發展。這是毛澤東所提的三個世界觀。美蘇是第一大國，第二世界是歐洲跟日本，第三世界以中國跟印度為代表，這是毛主席提出來，大家都認同，覺得他講得有道理。但現在形勢已經不是這樣了，因為蘇聯解體，俄羅斯不再是超級強權的國家，不能說是超級大國，反而中國通過繼續發展經濟、科學，這些方面都有一定的成就，可是就是缺乏意識形態那一方面，政治上的自由，還是抓得很緊，到底將來會發展成甚麼程度，以前我們聽到的就是中國有四方面的開放，你們有沒有印象？最嚴重的政治上的自由還是缺乏，所以當年魏京生就提出除了四個方面以外，應該也要開放政治這方面，讓人有宗教、思想，參與政治的

機會，中國在這方面還是守得很緊，從哪方面可以看到呢？你看那個六四天安門這種學生運動，他們是要求共產黨開放第五方面的，政治思想上的自由，他們要求這點，跟當局進行談判，後來失敗了，最後天安門廣場上發生的學生運動就遭遇到中共以軍事來平息，他們出動機關槍，用坦克來鎮壓這場史無前例，以學生為主幹的民眾運動。也不光是學生，也有很多工人、教師等其他行業的人參加，結果這個運動被中共政府評為一種反革命的運動，要取締的，很多提倡民主、自由的，還有在六四運動裡面表現得很積極的那些人，有一部分是給當局抓進去坐牢，有些運氣比較好就跑到西方國家那邊，這些人就在國外繼續宣揚應該有這個政治方面的自由，民主的制度，他們還在爭取。那些關進了牢獄中的，像劉曉波就是一個很明顯的例子，他只是簽了一份文件，七八個人一起簽名要求當局開放政治思想的自由，劉曉波有在這份文件簽名，中共就把他抓到了，關在牢獄裡面，聽說他也參加過六四運動。所以有一年諾貝爾和平獎就落在劉曉波手中，他那個時候還在坐牢，所以就沒能夠出席頒發諾貝爾獎的盛會，最近一兩年他又因為癌症死了，他的老婆也被政府監管，不給她行動自由、言論自由、思想自由，最後大陸跟德國政府達成一種協議，讓她到德國去治病，找出一條途徑來讓她離開中國，所以我們可以說一天六四事件沒有得到平反，那個第五個要求，第五個現代化的要求還是存在。

　　在這方面我們扯得比較遠，我們現在就回到原來的，有關唐君毅在中國文化運動這方面，他有甚麼貢獻。目前我們也不能往下公認，應該留給歷史來做評價，他是成功還是不成功，我們現在也不能肯定的給出一個答案。就讓歷史來處理這件事情吧。其實一個運動，表面看來好像是成功的，可是最後歷史對他的評價還是可能不

認同。就讓我們想到，《三國演義》開頭有一段話：「滾滾長江東逝水，浪花淘盡英雄，是非成敗轉頭空，青山依舊在，幾度夕陽紅。」毛澤東講過相類似的話：「江山如此多嬌，引無數英雄競折腰，惜秦皇漢武，略輸文采；唐宗宋祖，稍遜風騷。一代天驕，成吉思汗，只識彎弓射大雕。俱往矣，數風流人物，還看今朝。」毛澤東的功跟過，他的貢獻跟對中國文化的損害，到底我們當代怎麼評估，一下子也有困難，有人就提出三七這種看法，就是七分功勞，三分錯誤，也有人認為他只有三分功勞，七分錯誤。現在就是共產主義，馬克思、列寧，在大陸已經不是那個氣候，很多人對毛澤東的貢獻有保留，這有正面的評價，也有負面的批評，你看文革十年也有千萬人頭落地，裡面包括知識分子，連新儒家的人物都受到很大的傷害，就是熊十力、梁漱溟，那些新儒家的第一代，都不能倖免。文化大革命延續了十年，最後才能平息，連毛澤東那種地位，那種影響、名譽，都在慢慢由正面變成負面的。我跟大陸的一些學者談到這個問題，他們通常都說毛澤東犯了很多錯誤，他也有他的貢獻，就是讓中國人民得到解放，中華人民共和國能夠成立。

然後，我們從學問，學術研究這方面來看唐君毅的成就。我們可以說，在當代新儒學的十個八個的代表人物裡面，唐君毅跟牟宗三在哲學這方面，特別是在了解、發揮這兩方面，他們的貢獻最大。特別是一般的哲學知識，他們兩個的表現是最為出色的，他們在這方面比他們的長輩，上一代，熊十力、梁漱溟他們，在哲學的知識上，他們比上一代豐厚了很多，因為熊十力、梁漱溟對西方哲學了解的太少，他們除了中文以外，其他的外語都不懂，結果在了解哲學的這些問題，他們因為基本知識的缺乏，是有缺憾的。而唐牟就不一樣了，起碼他們可以看英文的書，在哲學知識方面，他們

是超過第一代的。

　　從唐君毅這方面來講，我們可以說他的學問分兩方面，第一方面就是在文化，特別是中國文化這方面，他的知識非常多元、非常豐富，有好幾本重要的書，有非常高的價值。在人文的文化發揚或人文精神的文化活動的開拓，唐君毅表現得非常優秀，他的重要的著作，早年的著作，都集中在這方面，就是《道德自我之建立》、然後又有《人文精神之重建》，另外也有《中國人文精神之發展》，然後又有《文化意識與道德理性》，最後就是《中國文化之精神價值》，對於文化，而且是中國文化，做了很深厚的長期的工夫，在這方面，他的成就可以說是最好的。

　　另外一方面就是對哲學，特別是對中國哲學的了解，他的貢獻也是非常非常大，也不光是中國哲學，也包括西方哲學，你看他的《哲學概論》一千多頁，裡面分多個部分，形上學、知識論、倫理學，另外還有文化哲學，他的成就都是非常明顯，超過其他新儒家的成員。在這本書裡面，他所處理的問題，就非常專門、專精，譬如說他裡面提到形而上學，包括希臘方面、印度方面的形而上學，中國方面的形而上學，已經遠遠超過概論的程度，可以說是專論了。他這本概論可以分開為多種專論。另外就是對中國哲學的了解、詮釋跟發揮、開拓，這幾方面，他的《中國哲學原論》，可以說是達到了非常高的程度，而且篇幅非常多。他研究中國哲學內容非常豐富，見解也非常公平，沒有特別偏於某一方面，幾乎中國哲學裡面所有的問題，他都有研究，而且有相當獨到的見解。《中國哲學原論》有導論篇，這是第一本，第二本是《原性篇》，然後有《原教篇》，然後有《原道篇》三卷，一共是六本。這六本書可以說是中國哲學的大寶山，你入寶山而空手歸，那是非常遺憾的，是

不是呢？

　　只有牟宗三可以跟他相提並論。牟宗三到最後，對自己的學問做了一個總的評估：「古今無兩」，是不是有點誇張呢？他說自己是古今無兩，然後就有人提出批評，是不是古今無兩，不應由他自己說，是別人說的，是歷史家說的。有些人就替他解釋，例如蔡仁厚和劉述先。他在兩個方面都是達到第一流的水平。單就中國哲學的了解這方面，他也寫了很多大書，儒家、道家、佛教。儒家有《心體與性體》、《從陸象山到劉蕺山》；然後道家就是《才性與玄理》，佛家就是《佛性與般若》，這也是很了不起的。能不能說是古今無兩，我想還有進一步研究的空間。這就是我們開頭講講唐君毅在文化活動，在學術研究這兩方面的貢獻。如果沒有問題，我們就請張力云講她的報告。

張力云：各位同學好，我今天要報告的是〈由《道德自我之建立》看唐君毅論道德主體與道德生活〉，我首先先介紹一下我所寫的摘要。唐君毅與牟宗三都是當代新儒家中重要的人物，二人在許多思想觀點上都不相同。兩人對於道德的形上學都有很深的理解，在表達以及概念上亦有不同的做法。牟先生對於道德主體的說法是以儒家的「直貫創生」來說的，相較於牟先生對於本體的流動、生生之種種既超越又內在，活動意義十分明顯的說法，唐先生對於道德主體的認定內容略有不同。本文旨在透過《道德自我之建立》一書，對唐君毅思想中道德主體及道德生活之相關說法作一了解。

吳汝鈞：有一點補充，就是唐牟都是熊十力的學生，結果兩個人所走的路很不一樣。牟宗三受熊的影響很大，在他的著作、平常的聊天中，常常會提到熊十力，唐君毅沒有怎麼受熊實際的影響，他那

一套學問很早就成立，好像還沒到三十歲，他的立場就已經定下來了。他最先寫的就是這本《道德自我之建立》，他就很明顯表示他那套哲學，基本立場就是道德哲學。因為他那種思想很早就定型，可以說是一個非常早熟的人物，他的老師有兩個比較重要，一個就是熊十力，另外一個就是方東美。1949 年的時候，熊十力待在大陸沒有出來，方東美就去了臺灣，你們中央大學的前身就是南京大學。

饒俊：南京大學的前身也叫做中央大學，後來分開了就叫南京大學跟東南大學。

余若瀾：原來的中央大學現在是東南大學，以他的校址在東南大學，那文組和理組，出來成立了南京大學，所以他們說從精神上是南京大學繼承了中央大學；然後從校址上是東南大學繼承了中央大學。所以現在有兩個後備學校。

吳汝鈞：那你們中央大學跟南京大學有沒有關聯？

饒俊：有，它是最初以那個地理科學建校的。

余若瀾：而且現在兩間學校還有來往。

吳汝鈞：唐君毅就是中央大學畢業的，那時候方東美也在中央大學教書，他們兩位年紀差了十年。方東美比唐君毅大了十年左右，唐君毅這個人學術的路程比較獨立，他受這兩個大師的影響，上過他們的課，在基本上他的哲學的立場跟熊十力、方東美都不完全一樣。他平常也很少提起熊十力。牟宗三就不一樣了，他受熊十力影響很大，而且他講課、聊天也常常提到熊十力，這有點奇怪。唐君

毅的思想在當代新儒家裡面是最早熟的，沒到三十歲他的哲學的立場就形成了，一直到他過世。《道德自我之建立》對他來講可以說是一本非常重要的書，因為這顯示了他的哲學立場是道德主體。熊十力是講那個生生不息、大用流行之道，就是歸宗於《易經》，方東美主要是美學家的情調，他跟宗白華，幾乎是同一代的學者，不過方東美來了臺灣，宗白華就留在大陸。方東美這個人有點奇怪，他在大學畢業後就跑到美國，在威斯康辛大學念博士，結果他沒有拿博士學位，聽說他寫好了博士論文，好像已經通過了口試，不曉得是因為甚麼原因，就跑回來了。他沒有拿博士學位，但他有寫博士論文，到底是甚麼原因讓他急於回大陸，本來你待在威斯康辛大學，多待一兩個月那個博士學位就可以拿到了，所以我們通常沒有稱呼他方東美博士。方東美是留美，牟宗三是留中，他也說自己留學，留學於「中國」，很多當時比較有分量的學者都有出國，就是牟宗三沒有出國，唐君毅也沒有出國，結果他們兩個那套學問，比那些拿博士的人好得多了。所以拿一個博士學位也不算甚麼一回事，勞思光、唐君毅、牟宗三都只是大學畢業，後來他們的成就遠遠高於很多拿博士學位的人，你多一個博士學位，在那個時代沒那麼重要，現在就不一樣，你如果要在大學裡面找一份工作，最基本的條件就是要有博士學位，以前是沒有這種情況，現在是天天向於「士」，就是大學畢業拿學士，然後拿碩士，再上去就念博士，以前你就是沒有博士學位，你學問好就能在大學裡面找一份工作，現在就差了很多，錢穆好像只有中學畢業，熊十力、梁漱溟都沒有念過大學，可他們幾個都是宗師級的人物。

　　所以唐君毅的思想是屬於早熟，這本書就已經表現出他哲學的立場，往後他學問的發展，就是寫論文、著書，基本的立場就是這

個道德自我的、道德主體的立場。這也是我讓你先報告這本書的原因。好的，請繼續。

張力云：好的。在前言的部分，我先把唐君毅《道德自我之建立》的說法跟他的分三部的部分來講一下，唐先生有言此書之旨為「超越現實自我，於當下一念中自覺得自己支配自己，以建立道德自我」，並且透過三部來互相連貫照應，凸顯此旨，第一部是導言，第二部是「道德之實踐」，第三部是「世界之肯定」。導言是在說明道德生活之本質，中間透過反省式的，即以問答的方式教訓體裁，使人省思，從而了解道德生活之本質以及生活道德化如何可能兩大重心。第二部「道德之實踐」則重在說明道德自我之根源，透過對外在的事物之存在根據的肯定，並且以道德的形而上學之方式來肯定心體以及道德自我的根源，並且藉由肯定此心之本體即是世界之本體，從而肯定了在現實世界中實現道德理想是可能的。一、二部的內容都環繞在人之自省，並對道德主體給出一明確的說法。至於第三部「世界之肯定」主要在肯定心之本體的亦內亦外，既超越又內在，表現出來則類似佛家唯識學之觀點，肯定精神之於世界的關係。之所以是唯識學的觀點，是因為唐先生對於華嚴宗比較肯定，他對精神世界的萬法為是，然後一念三千之類的說法，比較偏向於以新眼光去應現這個世界，就是「開門見山」的說法。沒有開門之前，我們沒有看到山，開開門了之後看到山，除了山本身就在那裡之外，還有我們自己的心也要去應現那個山，就是一個接近唯識學的方法來說的，他的心體是既超越又內在的，肯定精神與世界之間的關聯。然後藉著這種關聯，進一步肯定在生活俗世中亦可表現道德理想，並在此對於惡有一說明，認為藉由心的一念迷一念悟，

可以影響我及我所對的世界，並且以此導出最高的精神價值，使社會成為真美善之社會，並因而肯定了一切文化、教育世界的重要性。本文主要探討的主要是道德主體與道德生活，所以對於第三部「世界之肯定」就沒有詳盡的探討，我們的重點集中在一、二部之內容。

吳汝鈞：你在這裡討論有關他對道德自我而且是道德主體那種了解，把它看成為是他的哲學的開拓的起點，這裡面我想有兩點可以注意，一點就是他是從那個道德主體開始，然後在實際上，在現實上把道德主體推出去，擴大他所涵蓋的範圍，給他一種形而上學的牽連。因為你單講道德自我，而且是道德主體，你這是沒有牽扯到客觀形而上學的，所謂天命、天道、良知。孟子不是停留在那個作為主體性的道德自我這個範圍，而是要把它推廣出去，涉及到人性的問題，然後再進一步跟形而上的天道有一種連貫，進一步就有一種「一貫」的關係。在主體方面，我們是叫道德心，在客體、客觀方面，我們把它看成為是天命、天道那種道德的實體。你這樣講讓我們想到孟子，孟子對這套思想，在那個脈絡上，跟唐君毅是有關聯的，因為孟子也是先肯定人的善性而且是善心，就是惻隱之心，是吧？然後他又進一步把這個心的範圍再擴充，一直擴充到形而上的天命、天道。如果這樣說的話，道德心就不光是限於那個主體，做一個主體性來講，而是把它擴大，一直擴大到那個形而上的天道、天命，一個形而上的實體。孟子有兩句話很重要，「盡心知性知天」，他認為天有一個秩序，先建立心靈作為自己的主體性（道德性格的主體性），然後再推到其他物類，即這個道德的主體所涉及的範圍有擴大到客觀的那些東西。如果以類來講，就是從人性等

性格再繼續向外擴充，結果就成就了一種具有客觀意義的形而上的實體，這就是心，這就是天。這是孟子講的，唐君毅在這方面的了解跟孟子的思想是有關聯的。

　　不過在主觀、私人這方面，在他發展這種道德心、道德主體的，從主體性一直擴充到形而上中，他有沒有意識到孟子的這種途徑？可能有，他受了孟子的影響，因為孟子就是表達這個意思。另外一句就是「存心養性事天」，這兩句話就代表了孟子整個哲學的方向，就是由心開拓到性，最後開拓到天。即心是主體，性是客體，最後到了天，就是絕對。所以這裡我們可以注意一個問題，唐君毅講道德主體，先肯定一個道德自我，然後又覺得這個道德自我不光是主觀的，而且有客觀的意義。所以從心進到性，然後再進一步，就直接通到形而上的、客觀的 Metaphysical Reality，形上的一種真實。這個問題有繼續研究的必要，即唐君毅的學術思想發展的歷程，從這裡我們就可以看到跟兩千多年前孟子思考的途徑相像，這是一點。

　　另外一點就是，你這樣講那個道德主體，當然儒家有這種思想，剛才我提孟子就是一個例證。在其他的學派裡面，有相似的講法，譬如說在佛教、禪宗、道教、道家，就是這個主體性。不過唐君毅所講的道德主體是有一種自主的能力，還是要依靠一個外在的存有而建立起來的呢？在這裡我們看到唐君毅的思想，從道德主體出發，是有一條途徑，「心性天」這裡就顯現一種次序。從這「心」講起，這個心本來就是涉及道德主體自身，可以依著這種發展建立起來。就是說，你要把這個心（道德主體）往外開拓，最後達於形而上的天道。這裡我們可以提另外一個問題，就是：你這個心（道德主體）是不是自身就可以這樣開拓，不需要他人的幫助

呢？這裡就涉及佛教，特別是小乘的那種自力跟他力，如果我們像剛才你所講的那種情況，孟子顯然是有一種自力的覺悟。這種想法，就是說一個人最究竟的、最重要的，還是要他自己在實踐、在行為上做工夫，作一種自力的開拓，不是他力的。他力是理想，不能本著自己的自身來做，要往外找到一個他力方面的，我們說他力大能。佛教裡面有禪宗跟淨土宗，這兩種學派都非常重視力，兩邊的走向不一樣，第一種就是自力，就是禪的那一種方式，走自力主義，他們覺得要覺悟、得到解脫，可以單從自己自力，當然你除了自己的努力以外，最好在外面找到一個你可以依靠的他力大能，在淨土宗裡面就叫阿彌陀佛，所以這裡就有自力跟他力的分別。如果你講孟子，那他是比較靠近禪宗的那種自力主義，跟淨土就沒有交集，因為淨土宗覺悟的基礎，不是在自己、自我這一方面，你要依靠那個他力大能，阿彌陀佛，讓你從經驗的世界轉到一個超越的淨土的世界，就是另外一種世界，在這個世界裡面，整個環境都是對你發揮發揚自己的自我，到了最後覺悟，就可以得到解脫。這個你就要依靠一個所謂他力的存在，那在淨土宗裡面就是阿彌陀佛，所以你可以說在禪與淨土之間，孟子當然是屬於自力主義，那唐君毅這樣講道德主體，是自力還是他力呢？你可以提這個問題，然後做一個討論。唐君毅是受了孟子的影響，這沒有問題。如果我們把注意在問題的範圍從儒家解放出來，涉及道家跟佛教，那在佛教裡面有兩種修行的方法，一種是自力，另外一種是他力，那唐君毅是屬於哪一方面呢？

張力云：因為唐先生在講道德的時候，他很重視自覺，雖然他說的自覺可能會有一些外在的影響或援助，被外界觸動，他不會認為我

們要有這個道德自覺，就一定要關起門來，然後在暝想，他一定會覺得道德自覺需要透過我們與外在的事物有一個感應，碰觸到我們自己，發現自己的限制，然後在發現自己與外界事物之不同，或者是碰觸到外在事物的時候，因為我們有限制，如果我們能夠突破這個限制，我們就一定有道德的自覺。所以他在講自覺的時候，雖然會講到有外在的原因，可能會跟外在事物接觸或者徘徊在現實經驗裡面，但是自覺本身還是有它的獨立性的。自覺不可以說是由他力的影響而來的道德，自覺主要還是要靠自己，所以我覺得唐先生在講的道德主體，還是屬於自力的說法。

吳汝鈞：你說到自力跟他力，一般人傾向於一個講法，就是自力很難，他力很容易。因為整個事情都要由自己做主動，來進行種種的做法，不是比較難麼？如果你把這種任務，交託給一個外在的超越的因素，讓他幫你的忙，讓你在道德實踐的途徑上，背後有一個動力來推你。有動力來推你比較容易，要完全憑自己的力量，是比較難。是不是？

張力云：可是唐先生講的，像基督教救眾生、佛教救眾生。基督教就是上帝在拉人一把，唐先生還是會說，上帝要來救我們，上帝是外在的，那怎麼能夠救得了我們呢？所以我們自己應該也要有辦法自救，起碼有辦法回應上帝，所以祂不應該純然是外在。所以他還是會認為上帝要在我們內心，我們才能夠得到救渡。雖然像佛家要救人，是佛有慈悲心，要救我們離苦得樂，可是人如果沒有自覺，沒有辦法發現我們需要被救渡，那我們也不會有辦法真正的離苦。所以不能只從外面，也就不能說只有他力。

吳汝鈞：你的意思就是，人的道德實踐，要達到理想的境界，而且是充實飽滿的境界，如果要由自力主義來講的話，那就很難。就是單憑你自己的那種自覺，就能夠開拓到客觀，以至形上方面的境界，這不容易。他力因為有他力大能幫忙，作為你的一個支持，這就比較容易。一般人都是這樣想的。但我注意到有一個問題，就是自力固然是很難，他力也不容易。因為在他力的講法理面，你要把自己的主體性，盡量壓下去，然後全心全意依賴一個外在的他力大能去幫你忙，完成你的理想。就是說，你要把自我的觀念、自我的意識盡量壓住，不要讓它出來多管閒事，就是你要把這個生命存在的整體，都交託給一個他力大能：阿彌陀佛來幫你的忙。你要走這他力主義，其實也不簡單，因為在這條路上面，你要無條件的把自我意識克服過來，而且是放開，你要把自己的整個生命都交付給一個他力大能，由祂來決定你的前途，由祂來引導你怎麼走。要能這樣做也不簡單。因為每個人都有自我意識，而且這種意識非常強，在我們一般的生活裡面，你無論做甚麼事情，你的自我意識，一定會牽涉在裡面，那我現在要你把自我意識放到一邊，不要碰它，誠心誠意，把你的前途，交付給阿彌陀佛，由祂來安排讓你走一條路，對你實現理想很有幫助的。從禪宗這方面來講，這就是所謂自力，《壇經》所說的那種型態，你最後能不能覺悟，就要靠你自己，不能把這個責任推給別人，即便是他力的大能，都不可以。所以在這裡就涉及一種要完全放棄自我意識，不讓他出來帶引你去走一條便捷的大路，讓你比較順利的達到你的目的。一般人對他力主義反思得不深，在我們平常的生活裡面，誰能夠完全放棄自我意識呢？

張力云：那老師，在現實生活中，很難做到完全的他力，但是也很難做到完全的自力啊。因為一定會被外在環境影響。

吳汝鈞：自力是有困難，這個沒問題。

饒俊：我覺得無論是他力或自力都不能夠完全達到目標，但起決定作用的，我覺得應該是自力。

余若瀾：老師我有一個疑問，就是老師所講的淨土宗的時候，需要有一個大能。

吳汝鈞：對，你要相信有這麼一個阿彌陀佛，一個他力大能，你對祂必須將生命交託給祂，完全放棄個人的意識，讓他來引導你，走一條康莊大道，達致你的理想。

余若瀾：這難道是矛盾的嗎？就是自力跟他力間，你相信大能你就不能夠自力；你自力就一定不能夠相信大能。

吳汝鈞：在本質上與邏輯上是矛盾的。他力跟自力是有衝突的，可是在實踐上，講到容不容易的時候，一般人都認為自力主義很難，有他力在背後推你一下，就比較容易達到目標。結果當然是同樣達到目標，你如果從自力這條路走就是比較難，他力這條路就比較容易。我說這是一般人的想法。就是你靠他力主義，走他力主義的路，也不像一般人想得那麼容易。因為這是一個非常嚴肅的，一個宗教的問題。在我們日常的活動裡面，誰沒有想到自我的問題呢？對自我的意識，可以說是占了我們思想裡面最重要的位置。可現在就是要你放棄自我的意識，也可以說是我執，那你得完全放棄自我，全心全意把你的前途交付給一個他力大能。你要真的這樣做，

就一定要把你的自我的意識壓下來，然後你才能全心全意相信阿彌陀佛，所以這個也不容易。好了，請繼續。

張力云：好的，那我首先就道德主體與道德行為的定義來講一下。唐先生在討論有關「道德主體」的定義時，給出的說法是「無限性、普遍性、超越性之純真理想」。此道德主體不能被認為是一般的現實，而只能是理想的性格，這是由於「我內部的自己，原是恆常真實者，而所見之現實，則與之相矛盾。我之不滿，是此矛盾之一種表現。」我們會發現，在一般的現實與我們覺得應該的、應然的現實，是不同的，因為我們發現實然與應然之間是有矛盾的地方，所以我們會對實然的部分，認為應該符合於應然，這是由於我們知道應然是甚麼，此應然即是唐先生所說的「心之本體」。因為我們有此心之本體，所以我們可以判斷出，這個世界「應該」要公平或者是「不應該」充滿罪惡之類的，但現實不是如此。故我們找到此應然與實然的矛盾處，便可以知道之所以有此矛盾，是由於我們有心之本體。此心之本體的展現，即我們有一個對善的、完美的、真實的世界之要求，此是真實的要求。我們必須在現實經驗中生存，但仍有此求超越之根源的要求。人要在現實社會中表現此道德實踐以及彰顯此無限性、普遍性、超越性之理想，會遇到許多困難，在此，唐先生認為是「原則性的困難」。之所以認為是原則性的困難，是由於這種困難並非是主觀條件上的不足，不是因為能力不夠或者是主觀上不想達成，而是在成事（於經驗現實）的過程中會產生的偶然原因，他認為人之處事，無不應包含有道德性的考慮，而此種種考慮，又可成為原初理想與現實間之種種間隔。現實跟理想是有差距的。然後，藉由現實生活中的例證來說明在當今世

界中，由有限的存有（人）建立超越而且無限的道德主體時，是有
其困難的。他強調要透過自覺的方式來建立道德主體，但若要在現
實經驗中達致道德的行為，有道德的實踐，就勢必會牽動諸多不屬
於道德的相關聯的事項。若其中有一處出錯，則會造成此一事之不
成，此處指的行為雖不能被看作是成就了道德行為，但不代表存心
不純，或者本來欲達到的理想有問題，只是因為現實生活需要考慮
的部分太多，只要有些微的問題，就可能造成道德行為無法表現在
現實生活中。此不受理想或動機所決定，好比為佛家所講的因陀羅
網般牽一髮而動全身，只要有一點不存在，整個世界就不是同一個
世界，對於那個原本的世界而言，就不能說是存在的世界了。若對
此說法更深入追問，便可由以下三點來說明，甚麼樣的行為會造成
道德行為無法被表現出來：

（一）目標與手段變化而有一事之價值之改變或顛倒，如陽儒
陰法等，例如儒家著書的本意是好的，但是後來被利用，與原本的
目標相違背或不同了，成了政治操控的手段，此即目標與手段之間
的價值改變或顛倒。（二）一事中包含衝突之諸目標，此即是一事
本身內部之衝突，如教師授課是好，但由於聽眾程度不一，故無法
顧及全體學生，勢必失了某些人應得的部分，可謂魚與熊掌不可兼
得之意。（三）個人之其他事對共同事業所引生之干擾，此是指自
己有兩件以上的行動，彼此互相干擾，使得本來群體要達成的是其
中一個共同的事業，但是成員要達成的共同的目標下，還有其他不
屬於此事業之目標欲被達成，造成此事業或目標下的成員無法全心
全意的為此共同的目標付出所有的時間、精力。

唐先生舉了這三點來說明道德主體以及道德行為實現於經驗生
活中有種種困難，但這些困難並不是否定道德主體之自覺以及道德

行為之實踐，而是使我們反省當下之行為應當如何行，才能夠說是道德行為。反省我們當下之存心，是否是以無所為而為的想法來決定我們的行動。若能夠做到行為該行而行，自覺應該使我們存心純淨，有自覺、自由的道德主體。以上兩點，便可以說有一道德的主體以及行為被我們所自覺。而此自覺是隨時隨地進行，不受時空限制的。

在肯定道德主體的超越性的同時，唐先生又肯定了道德主體不能只停留在形而上之處，不能只說它是一個超時空，是世界之本體，而必須實行於經驗現實中。人存在於時空中，所以此道德主體又是一有時間性，是能夠積累、向上提升的。例如我們可以在現實中累積、純淨化，這便有時間性。唐先生強調，我們自覺的對象並非是真實的自己，當我們真正達到道德的自覺、真正體現到道德的主體時，我們要去突破的，就是原本我們所理解的那個「我」本身。可以說，我們根本不能真實了解自己，我們所自覺的、突破的自我限制，是由於「所謂自己，原只是一與『所對』相對之『能』，所謂自覺，只是對此『能』本身的自覺」，只有突破了自己所執之「我」，或者突破了將「我」與萬物相對而成的我執，要超拔於我執之上，才能夠真正的突破自我的限制，達到自覺自己自由的道德主體。因此，對唐先生而言，道德主體勢必要能夠超拔、向上，即不能沒有一由下而上，破除自我限制的程序，也因此不可避免的需要在經驗中有一實感，不能完全講成形上概念，因為這樣的道德主體觀更顧及到形下之意義。

吳汝鈞：你這裡所談的問題，基本上就是事實跟理想的衝突。就是理想，即完成某一件事情，可是你在現實方面會碰到很多阻礙，這

不但不能對你有所幫助，反而讓你走得更難，更難實現理想。所以我們可以說道德主體是以道德性格為主體的。一個實踐的個體，在他的實踐的過程裡面，會遇到種種的阻礙，容易出現想要放棄的心願。所以在這裡，作為一個道德主體，要能像你在這段說的，要能夠超拔、向上、由下而上。你要能夠認真面對你當前所遇到的障礙，要先從認識跟意志上著手。因為有阻礙，所以要想如何應付它，這裡用「超拔」是很關鍵的一點，就是你不能被你所碰到的障礙嚇怕，使自己不能挺立維持下去，他在這裡提出你一方面要能認知你當前所碰到的種種阻礙，要對它有清楚和深入的了解，然後才能想辦法去克服這些困難、障礙。在這裡你必須要有一種反省，對當前的障礙要起反省，此反省主要是從意志上來講的，就是佛教所說的「不退轉」，不要遇到煩惱就倒地不起，要想辦法站起來。你在甚麼地方遇到困難而跌倒，就要在那裡站起來才行，這個主要是認知的問題。另外更深層就是一種反省、一種意志上的問題。即要有鍥而不捨的意志，在實際上你可能輸掉，這種情況是常有的，在人生的路程中，處處都有困難，可是在這裡你一定要有意志上的堅持。另外更深層就是一種反省、一種意志上的問題。即要有鍥而不捨的意志，在實際上你人可能輸掉，這種情況常有，在人生的路程中，處處都有困難，可是在這裡你一定要有意志上的堅持，你不光是超拔你所遇到的困難，要想辦法去解決，這種不退轉、不認輸的意志非常重要。你的任務是很艱鉅的，不光是超拔你所遇到的困難，要想辦法去解決，而是要維持這種不退轉、不認輸的、不退轉的意志。所以人生這條路，就是在生活裡面好像一種旅途，途中會碰到種種障礙，不要給它嚇怕，要有堅強的意志，想辦法去克服它。我想他這裡用「超拔」這個字眼很好，超拔基本上就是在意志

上不認輸。超就是超越障礙，拔就是你要想擺脫纏咬你的這個困難，而且是 overcome 這種困難，必須在意志上不認輸。從現實的困境超拔上來，做一個對內的反省，反省要怎麼樣克服這個困難，有很多不同的方法。

記得劉述先寫一本書跟你說的事實跟理想有關，書名叫《理想與現實的糾結》，他裡面是論文集，主要是講煩惱這種關係，就是理想跟現實的糾結。我們生活在理想與現實所牽連的環境裡面，一定要保持超拔的心靈，有一種自覺。今天講到這裡。我想下禮拜，你可以把這篇文章講完。

最後，我想到十多年前還在香港浸會大學當教授時，有一班同學即將要畢業，要我寫下一些文字。我想了一陣，便寫下如下的打油詩：人生多苦厄，時常會倒下。意志不認輸，掙扎站起來。

吳汝鈞：我們上一次開頭的時候，花了半個鐘頭講唐君毅跟其他當代新儒家有甚麼不一樣的地方，對吧？今天繼續上次的報告。

張力云：上次講完了第一節的第一部分，是道德主體與道德行為定義的前半段。前面說過，唐先生認為人在經驗中要表現道德行為是有困難的，但是因為我們有道德的主體，所以我們應該可以表現，在表現的過程中一定會遇到困難，我們本來就得先注意困難，然後從困難中超拔出來，才能夠突破自我。那麼這個突破之後就可以讓心靈或精神向上發展。這是唐先生的對道德主體很重要的說法。

再來要討論的是唐先生對於道德行為的衡定，主要不從外在的舉止來說明，而是聚焦在人的自覺以及他的一個向內、向上的超拔自己的生命。在這樣的說法下，種種可被稱為好（good）的品質，

如勤儉、謹慎、勇敢等，都不是由於其自己而為道德的行為，而是由於在表現勤儉、謹慎、勇敢等行為時，能夠透過如此行為，表現出自覺的向內向上超拔的道德的品質。且此行為的道德性，也並非決定於行動之結果，而是在於這些行為能夠「破除自我之限制」，此限制可能是感性欲望執著於某一情境、快樂之情等，他認為「能超越現實自我之限制，而突出於現實自我的情感之上」，這樣的行為可以說有道德性。依此衡定，去苦忘樂、犧牲自己等，也同樣有道德價值。例如坦白是道德行為，在於「坦白的過程中，表現胸無城府的心理。此心理為一自己能超越自己與他人之隔閡距離之限制」，因為我們可以超脫人跟我之間的限制，那就可以說是有道德的價值。

那愛真理亦是道德行為，因為有超越原來之限制之故，此意即是我們在既有的認為是真理的知識之上，又能夠找到更高一層的知識作為真理，那麼我們的思想在此時此刻，就能夠超越原來以既有的真理為真理，而更上一層樓，那麼這種突破即可以說有道德意義。除此之外，符合儒家仁義禮智之良好品格，在唐先生的詮釋中也可稱作道德行為或道德心理，這些品格都是由於它們是在肯定自己能夠超越自己之限制而來的，不由於行動之結果。道德心理之所以為道德心理，則唯賴自己超越自己之活動，道德心理即是將行為所對的對象視作目的而非手段，即我們在經由意志出發，到成為一行動的時候，我們不是只經由行動過程而將某人或某事物作為達成其他目的之手段，而是能夠將某人或某事物也視作行為之目的。若我們把對象也視作目的，就可以稱此行為或想法為道德行為或者道德心理。如是，則我們可以說唐先生對於道德主體的說法是不脫離現實經驗層面的，因為在唐先生講道德行為的衡定這部分，他其實

舉的例子都是跟經驗現實有所牽連，而後才能夠講超拔，他不可能說一個完全形上層面的道德主體。雖然他很強調心靈，對於心靈的種種說法也仍是作用於現實的。也因此，唐先生認為能夠體現此道德主體的地方也不會只停留在客觀形上層面，而是攸關經驗。可以說，唐先生並不只將對道德主體的理解停留在客觀的、形上的層面，而更重要的是聯繫到生活中，即所謂「生活道德化」，乃待人接物的道德實踐。我第一節主要是講道德主體跟道德行為。那我現在第二節就是在講，唐先生認為我們為什麼要自覺到道德主體。我們自覺道德主體的目的，即是「建立道德生活」。

　　唐君毅對於道德主體有充分的說法，其中對於道德主體是如何為我們所知，以及何以肯定我們有此道德主體，都有充分的闡述。書中也有詳細的說明。他對於此道德主體的說法，主要是以人心的自覺來說，即人有自覺的基礎。關於此自覺的意義，主要是「自覺的自己支配自己之生活」，此即是所謂道德生活之自覺。在承認人有此自覺之能力時，便肯定了人能夠自覺的支配其自己，如此便能夠成就一種道德的生活。這邊所講的自覺的支配自己，不是受到現實經驗的任何條件影響下的支配，他強調，我們受經濟支配，所以我們過經濟的生活；我們受政治支配，所以我們過政治的生活。那如果我們能夠自覺的自己支配自己，那就可以過道德的生活。所以這裡的自己支配自己，是有離開現實經驗影響下的自己能夠自由的支配其自己的意義在內。

吳汝鈞：你這裡提到有幾個觀念比較重要。我們在這裡發揮一下。你這裡提到自覺的問題，依你的看法，什麼是自覺？當有人問你有關道德自覺的時候，那甚麼是自覺？甚麼又是道德的自覺？我們不

是常常聽人說做人要有自覺心,要有道德的自覺,那這個道德自覺,意思是甚麼呢?然後我們講道德自覺,那甚麼是道德自覺呢?在知識上,我們可以說有一種知識的自覺;在藝術上,我們也可以講一種自覺,那就是美的自覺;在宗教上,我們也有一種宗教的自覺,這是甚麼意思呢?我在這裡提到好幾個自覺,我就想起,在大學的時候聽過勞思光先生討論道德的問題,他常用道德的自覺來講。然後是聽牟宗三的課,他就常提到我們對我們的心念要有一種擴張出去,使我們跟他人能夠更進一步,涉及到形而上學的天道、良知。在此我們也可以提自覺。牟宗三在此特別強調「逆覺體證」,這種講法有沒有問題呢?「逆覺體證」這種講法強調的是「逆」,然後到唐先生就喜歡講道德的自覺,所以這幾個人講到道德的自覺時,有不同的重點,當然他們講的自覺有相通的地方,不過也有不同的講法。而且這不同的講法,就展示出,他內心所強調對道德、對自覺,他們心裡面的想法。他們所說的都是自覺的問題,但他們所關心的要把自覺跟其他問題放在一起來講,他們有不同的重點。

　　勞思光所提的自覺心,裡面所講的這個自覺,可以說是從我們的一般的生活裡面講,你不需要關連到形而上學,天道天命那方面,講出一種理想,我們講的自覺只是從主體來講就夠了,不需要一定把形而上學的那方面的問題帶進來,所以他是比較偏重當我們講道德自覺的時候,我們就是從日常生活、主體的生活來講即可,不一定要牽連到形而上學的問題。

　　在這方面他跟新儒學的人物有比較大的分別。因為宋明理學跟當代新儒學,特別是牟宗三、唐君毅。他講道德的時候,除了強調自覺是個人的行為,在自己的這方面做好就夠了,不一定要引出形

而上學的天道天命等問題。譬如說牟宗三講的「逆覺體證」，這種「逆覺體證」也是一種自覺的，有反省的意味，同時也可以說是形而上學的，所謂「天道性命相貫通」，從先秦、宋明，到當代新儒家，都非常強調。他們把這個自覺，除了講個人的行為以外，還要關聯到客觀甚至是絕對那方面的，有形而上學的意味的。

　　所以自覺不光是有關個人的一種道德的自覺，而是我們對客觀的世界以至形而上的，而且是絕對方面，就是天道天命良知這些方面，也包括起來，才能達到道德自覺的那種充實飽滿的意味，所以強調我們講道德自覺，不能只是限於我們的行為。在我們個人的實際的生活裡面講，這些當然很重要，是一開端，但是光這樣還不夠，要開拓到客觀、普遍、形而上的那方面的面向，才能有一種充實飽滿的意味。我們自覺的對象的範圍要超越個人主觀的生活，同時要把客觀方面、形而上方面，表面上是比較遙遠的方面，帶到生活中，這樣我們才能在道德方面有一比較全面多元的內涵。所以這樣說的話，道德問題就不光是主觀的道德實踐的問題，而是要把這種自覺的活動開拓到客體的、形而上的面向，才能夠使道德自覺達到充實飽滿的內涵。唐君毅跟牟宗三都比較強調這一方面，跟勞思光不完全一樣，勞思光強調我們的道德自覺，是我們自覺的生活，只是把這個範圍限制在自己身上，即自己能夠作一個道德的主體，在行為上、在實踐上講道德便夠了。唐君毅跟牟宗三認為要更進一步，認為道德自覺，道德實踐不能只限於個人，而是要開拓出去，有一種普遍性的意味，universal，絕對性的意味，absolute，我們這裡就提出有關道德自覺有兩個矢向，就是 dimension，就是大陸學者喜歡講的維度。

　　剛剛那種講法的一個根據是「天道性命相貫通」，另外一個就

是「盡心知性知天」，再進一步就是「存心養性事天」，這三種不同的講法關係非常密切，他們的意味有相互重複的情況。我們知道盡心知性知天，到存心養性事天，是孟子的講法。天道性命相貫通是張橫渠的說法，從這邊我會想到中庸的「天命之謂性，率性之謂道，修道之謂教」，這已經有那種意味，張橫渠把這當作一個原則。在他看來，道德行為的原則除了關聯主體之外，還會關連到客體。

　　道德自覺有兩個矢向。勞思光所強調的是主體的那種自覺，這是一種矢向；唐牟所強調的從主體到客體、形而上的也包括進去，這種道德自覺才有心胸廣大的意味，我們可以說這是另外一種矢向或向度。所以這裡我們提出一個問題，我們的道德實踐是不是只限於主體方面的實現就夠了？不需要往外推，推到客觀、客體的那方面，推到形而上的方面。在這個問題上，勞思光強調主體性，而牟宗三、唐君毅除了強調主體性以外，同時也認為要往外開拓，不要把天地只是限於家裡，你整天只是在家裡，就可以解決很多客體性的形而上的問題嗎？你要往外開拓和有實踐才算。牟宗三提「逆覺體證」這個詞是非常好的，因為「逆」是向內，不是向外，我們通常了解的都是外在的，對於自己了解的不多，也不是很重視，就是說我們對逆覺這方面用心不夠，我們通常都是外看外覺，牟宗三在這裡提出一個有關道德自覺的問題，要從逆覺來做起。這兩種說法各有支持者，那你們感覺如何？

楊婕妤：我比較喜歡勞思光的。因為在自身實踐上面，我覺得道德還是要有實踐比較有意義。

吳汝鈞：如果我再進一步問，你光是限於主體性這個範圍，會不會

有點把自己跟客觀的、客體的外在方面的，做了一道牆，把自己跟外面世界隔開？你的關心的內容會不會太窄，不夠寬大？這可能也會成為一種缺點。如果你在生活裡面，對於很多不同的問題，你都限於個人方面的考量，那其他外面的事，你就把它擱下不管，那你怎麼回應？

楊婕妤：因為我希望它是可以先第一步被實踐。如果被實踐完之後，他可以往更高層次，如果一開始實踐就希望達到最高，就很難對道德實踐有實感。我是把它分為兩個階段？因為我覺得道德實踐在某方面可以按部就班。我怕唐君毅、牟宗三的說法，會不會一直講形而上而使道德實踐變得空泛了？

吳汝鈞：你這樣講是實踐上的問題。實踐上是可以講先做好個體再推擴出去，這樣說也有道理。勞思光好像沒有你提到的第二步。那我想唐牟應該也不會否定你講的道德實踐要有階段性這種說法，這也是比較好的做法。畢竟人是有限的存在，如果一下便包攬形上的天命天道，可能會有力有未逮的問題，分階段的想法不錯。

余若瀾：老師我想問一下，勞思光先生從實踐出發，那他對於家國天下的思考不是從道德出發的話，那應該是從甚麼角度出發？因為他有出一本書叫《家國天下》，是他對時政的意見。

吳汝鈞：他寫了很多書都是有關這方面，都是超乎個人以外的問題，不過他是強調道德自覺的問題，他認為道德實踐光是在個人這一方面就已經夠了，不一定要牽連到家國天下，這是比較迂遠的範圍。雖然他也不會說我們對於家國天下不需要有什麼道德的責任，他只是說在個人的道德主體的範圍內就可以充實的體現道德實踐的

生活。如果沒有其他回應，那我們就繼續。

張力云：那我就繼續報告，唐先生所要講的道德生活之基礎。在對「道德生活」的建立方面，唐先生給出了幾個步驟，也可以說是反省並自覺自己之道德主體所需要認識到的幾個要點。前面已有言道德生活是我們能夠自覺其自己，至於要自覺到哪些方面，便是此處所要說明的：在此唐先生強調四點。其一為認識到支配自己比支配世界，是更偉大的工作。因為能夠支配自己，便代表我們的精神不向外、向下來觀照此世界，而是將精神向內、向上超拔，如其所言：「支配世界，只表示我們意志力能破除外界一切阻礙，而支配自己，則表示我們能主宰此用以破除外界一切阻礙之意志力之本身」。第二點是認識自己對自己負有絕對的責任。我們必須把自己的一切行為都視為自己所決定，在這點上，唐先生舉很多例證，強調不論是自覺或者非自覺、意識或者潛意識所給出的行為，都是經過「行為主體的認可」。第三點是相信當下自我的絕對自由。或許我們會認為生活在現實經驗中，很難達到這種絕對的自由，但唐先生強調我們被現實所束縛，而有煩惱痛苦等情緒，是由於心態的執著，煩惱不是心，而是心之所對之「所」，是心即心體之「能」所對的對象。雖說能與所在現實中不能分開，但唐先生認為，在我們反觀此能與所、心與境的同時，即可以說達到一凌虛觀照的層次，已從現實的當下情境中超拔出來。第四點是能自由的反思，即可相信我們能自由的恢復自由，因為相信自己有此自覺之能力，便能夠不喪失此自覺之能力。另外還有第五點，是肯定我們所經驗累積下來的一切性格、習慣、心理結構，對於心本身沒有必然的關係。此點必須細緻的講，性格與習慣是可以說是偶然的由於人的經驗累積

而來，我們找不出我們之所以如此而不如彼的原因，這在唐先生的哲學中，即是成就為此，即是將成就為彼之可能給阻擋掉，而選擇由此而不由彼、為此而不為彼者，仍是我們的自由，唐先生言：「你之如此如此，曾是如此如此，並不能限定你之必定如此如此，而禁止你如彼如彼。」可見當我們意識到、自覺到我們能夠超越自我時，是能夠超拔出時空等等的限制的。

吳汝鈞：你這裡提到的自覺的理念，這裡說第四點，我們講自覺的能力，讓我想到佛教裡面所說的「覺悟」。你所謂自覺是從哪一個維度來說？佛教裡面講「悟」，是從宗教的維度來說的，就是對萬事萬物，以至於自己的存在，它們的本質，有一種徹底的直覺，他們的共同點便是緣起性空，沒有常住的自性，不論事物的貴賤。這是宗教上的一種境界，超越個人生命。但你這裡講的自覺與宗教上的不完全一樣，但也有相通的地方，通常我們講自覺是從道德自覺上來講，而不是從宗教上的覺悟來說的。請再繼續下一段。

張力云：好的，接下來講的是唐君毅討論人生的目的。唐先生在論述人生之目的，是強調人生目的不在求快樂、求某些情境的持續、求滿足慾望、保持生命的形式，或者有一衝動要開展更廣大豐富的生活。這些都不能夠成為生活最高的指導原理。不能以這些目的作為最終的目的、最高的指導原理，是因為這些通通都是外在於我們當下能自覺的自覺心，只要是外於自覺心所設定的人生目的，都只能夠算是被支配的目的，非人生本然所自覺之目的。如此說，人所應從事之活動，就不是追名逐利、追求快樂、感性上的滿足等的活動，因為這些都是受到外在支配的活動，非我們本心所給出的。當下自覺心所自定自主的活動，應為「應該作而作的活動」，即沒有

將目的設於手段之外的活動，而是目的與手段為同一的活動。人生的目的也不在於保持經驗形式之活動（如飢渴寒暑之被滿足），因為仍有高過於此的價值（如不食嗟來食、好生惡死等）。且不同人對於生命形式的要求是在不同時間、地點上，都會有不同的要求的，因此這也不能夠作為我們所追求的人生目的。在唐先生看來，能夠作為我們人生之目的者，唯有自覺我們的道德主體，並表現為一道德之生活，方能從經驗現實的世界中超拔而出。那最後的結論如下：

唐先生在討論道德的主體以及此主體表現於經驗中所呈顯的道德生活時，著重點不只是牟先生所強調的「內在創生」。唐先生透過對道德主體的一步步反省與自覺，認為可以開出一有道德價值的情感及生命活動，此道德的意涵著重於自覺後的表現，與牟先生更為強調「逆覺（可說自覺）」的看法是不同的。且在我們自覺有此道德主體的同時，我們便能超越自己之限制，最後能夠打破人我之界線，明白此自覺之自己並非「我」。真正超越自己者，不會有「己」之存在，如此便能夠使物我為一，萬物一體，彼此透明，互相同情、尊重、肯定，成就一真實的道德之生活。

唐先生以思想的超越性來講心之本體，主要是由於思想能夠統一聯貫過去與未來，不言生滅，因其可以倒敘時空，且由於其心之本體的自覺能超越時空、超拔於自我，並且使主客、物我之間的限制都被打破。這樣的說法非常具體。而且雖說唐先生對於道德的種種詮釋過程，多以現實經驗來說，但他也承認，此種道德的活動是形式而無特定內容的，即使其對於道德的說明仍可以說是形上的。在對道德生活、道德活動的種種展示上，依舊不離經驗而說，對於經驗現實的種種活動都加以肯定與關聯。

第二章　在文化意識與道德理性影響下的家庭與社會

楊婕妤、吳汝鈞

吳汝鈞：這週我們的主題著重在討論《文化意識與道德理性》。這本書是唐君毅將道德理性作為人類的文化意識的一個基礎，強調文化意識，進而發展完成文化。他認為一切的文化活動，出自一種文化意識。我們進行多方面的文化活動，特別是科學、道德、藝術、宗教這四方面，是文化活動裡面最有代表性的展示，這四種學問統合人類主要的文化活動。他認為這幾方面的文化活動目標不一樣，比如說，科學是求真、道德是求善、藝術是求美、宗教是求神聖，真、善、美、神聖的精神活動，獨自形成學問，就是科學，道德，藝術，跟宗教。文化活動要從文化意識上來講。文化活動都源於文化意識。文化意識有一個核心，就是道德理性。這整套學問，特別是把文化活動歸到文化意識之下，再將文化意識以道德理性作為根源。唐君毅哲學思想的中心，主要在發揚文化意識，並將文化意識建立在道德理性的基礎上。當代中國哲學講到文化哲學時，便是以唐君毅最為重要，極具代表性。科學、道德、藝術、宗教是人類文化的四個中心表現，這些不同文化活動皆出自人類的道德理性，道

德理性是哲學上很重要的立場。在唐君毅離世的追思會上，牟宗三以一種判教的口吻，為唐君毅的哲學作定位，認為唐君毅是文化意識宇宙的巨人，前無古人，今後很難有來者。唐君毅最出色、最大的貢獻在開拓文化意識，把它聚焦在道德理性相關議題。唐君毅寫了很多著作，其中以《文化意識與道德理性》作為中心，在文化意識的發揚上，我們人類的文化意識可以向不同的對象開展。這種觀念在文化活動的表現上，就表現為科學、道德、藝術跟宗教。他不講形上學，也沒提文學藝術上面的成就，也沒有特別重在宗教問題這方面，卻是從文化意識發展來說，文化意識的這種發展的力動根源，就是我們的道德理性。若有人問，我們該怎麼替唐君毅作一個定位，要給他一個怎樣適當的位置呢？我們就可以說，他是屬於文化意識範疇中。把唐君毅定位為文化意識宇宙的巨人，很了不起。巨人就是要有那種鉅著（Magnum Opus）。每一個哲學家的著述，通常都是多元的，但最重要的、最有代表性的，即是所謂的鉅著。唐君毅的鉅著很多，但要把他最有代表性的著作提出來，我們便可以說是《文化意識與道德理性》、《道德自我之建立》、《生命存在與心靈境界》。唐君毅的著作有兩方面發展：一是研究中國哲學，最重要的學術性鉅著，當然是《中國哲學原論》，這門學問著作是系列性質，有《導論篇》、《原道篇》、《原性篇》、《原教篇》，四個大範圍下又分成四部分，中國哲學、儒家、佛教、道家。另一方面發揚文化意識跟道德理性，重要的著作當然是《文化意識與道德理性》、《道德自我之建立》，以及《中國人文精神之發展》、《人文精神之重建》、《中國文化之精神價值》這三本書。那我們開始這次報告。

楊婕妤：唐君毅認為文化發展是繼承中國過去傳統的六藝文化，詩、書、禮、樂、易、春秋。詩屬文學藝術；禮屬道德倫理、社會風俗、制度；書屬政治、歷史、經濟；樂屬音樂；易屬哲學、宗教；春秋講教育、歷史、法律，他要據此建構一文化哲學系統。這些文化活動次第形成，從家庭開始發展，進而生產技術與社會經濟、文化、政治、科學、文學、藝術、宗教、體育、軍事、法律、教育等擴張開去。這些文化活動皆本於人之心性，並肯定人類文化活動的道德價值。這也正顯示道德理性遍於人文世界。文化開展的基礎是家庭，也是人類社會中最基本的存在形式，每個人皆由家庭而生，故首論家庭。唐君毅從形上學角度闡述家庭哲學理論——家庭道德觀。我們要了解唐君毅的道德理性基礎的意義對現今家庭危機，能否提供正面轉變的機會，建立良善的社會。這裡我也討論及社會方面。

吳汝鈞：唐君毅是家庭道德的代表。他父親離開得比較早，跟母親相處時間相對較長，關係較好。他有一本書沒有出版，是自己出錢印、送給學生朋友的非賣品，專收錄他與父母的過去所講過的一些話語、往來書信。唐君毅對孔夫子是最專精。可是在《中國哲學原論》中，講到孔夫子時，理論太多，觀念太複雜，將孔夫子講成形上學的哲學家。他又花了很多心思來講孔子的人格世界，文字太嚴肅，孔夫子變得比較嚴肅、獨斷，對學生要求非常高。其實，孔夫子並沒有他說的嚴肅，他不是一位哲學家，是一位偉大的教育家，是一位非常重視道德實踐、具有仁德的人。他是親切、平易近人的人，在為人師表上，為學生建立楷模，對學生影響很大。他的影響是透過身體力行，透過自己的實踐來教導學生。

楊婕妤：唐君毅反對「家庭成立之經濟決定論」，認為過去家庭凝聚一起，隨著工商業改變了，家庭環境也變得不一樣。雖然對家庭意識有影響，但人的道德意識是不會因為環境改變而不同。他反對「家庭目的純在本能之滿足論」，即便沒有婚姻形式，仍可滿足性本能。再來，結婚可以沒有小孩，生子並不是家庭存在的根據，所以他強調家庭的存在目的不在本能滿足，或延續子嗣的外在價值，即使沒有家庭形式，也不影響人性本能的滿足。他也反對「家庭之暫時存在論」，主張「家庭之目的是完成人之道德生活」，「家庭為永恆之存在性者」。家庭成立根據在人之不自覺的依道德理性以實現其道德自我。總之，家庭是透過道德理性凝聚起來的。他強調內在的道德價值，駁斥外在價值。我們可以提出，內在的那種道德價值跟外在關係有什麼地方不一樣？相通的地方在哪裡？不同的地方在哪裡？

吳汝鈞：內在跟家庭的那種關係比較親切、平易近人，沒有教條主義。那外在的就是種種不同的關係，變得非常複雜，要遵守一種形式，一種規矩來做，這樣好像人之間的關係，就變得很陌生，主客關係變得非常明顯。另外，家庭有永恆的存在性，那什麼是永恆的存在性呢？該怎麼了解呢？

楊婕妤：關於「永恆的存在性」，唐氏在《文化意識與道德理性》中提到：「家庭成立之根據在吾人之精神活動道德活動，在吾人之超越的道德自我之求實現。故家庭有其永恆存在性」[1]，道德理性

---

[1]　唐君毅：《文化意識與道德理性》（臺北：臺灣學生書局，1986 年），頁 109。

是他對於家庭的理想,在這個家庭實踐出來之後,成為倫理關係,在道德理性基礎上,家庭的永恆的存在性是這樣來的。

吳汝鈞:我們從表現看起來覺得有點彆扭,因為當我們講起家庭的種種關係,一般都從倫理關係來談,父母、子女、夫妻關係跟永恆的存在的形上學問題,暫時沒有很緊密的關聯。以人為本的家庭關係,鮮少以形上學字眼來談。

張力云:唐先生講家庭有其永恆存在性,有提到三個關係。第一個是夫婦的關係,那夫婦關係的形上學的概念,主要的理解是,人跟人的感情加深之後,會有責任加入,所以夫婦關係偏向道德感。第二是父母跟子女的關係,子女是被父母生下來,對生的理解,唐先生把它推到宇宙跟人的關係,就是我們是宇宙生的,所以我們要回報宇宙,產生效果,有敬愛的情感。他把孝的關係拉到形上學的宇宙中,那麼可以說家庭概念便有形上意義。第三是兄弟關係,我覺得他沒有像剛剛所說的生那麼具有形上學意義。但可以從這邊看出唐先生在形上概念下的家庭理解。

楊婕妤:理想完整的家庭形式,為夫婦間的「堅貞」、父子間的「慈」「孝」、兄弟間的「友」,皆是實現生命個體相互人格間精神的交感,具有超越的、道德的、精神的意義。第一部分從夫婦關係來看。唐君毅認為夫婦除了本能的愛外,對本能之愛加以自覺,而生之對相愛關係之愛,即「對愛之愛」,也就是對愛情的愛,這是超本能性的純精神的愛。「男女之間從本能欲出發之愛,通過愛之愛,至道義關係之形成,至道義之限制本能欲,整個是一道德生活之發展歷程。在常態婚姻,此種發展乃無間隙而逐步上升。至堅

貞互信而道義關係乃居主位，本能生活即統於道德生活，而夫婦之道即完成」。[2]夫婦關係之所以應永續為常道，其根據是：「夫婦自愛子之心出發，力求婚姻關係永續。……人如愛父母，必體父母之本心，而以永續婚姻關係為常道。夫妻之關係固基於性之本能，然夫婦之愛情不能只基於性之本能。男女相愛之本身，即可轉出純粹精神性的關係」[3]，因此男女關係以永續堅貞為常道。

吳汝鈞：這樣的家庭倫理跟現代人的生活，可以說完全沒有交集，把日常生活完全道德化，理性化，首先要有非常好的行為涵養、思想，才能以道德理性作為生活的基礎，特別是婚姻，愛情才能站得住腳。跟我們現實所對，完全過時。我們先關心的就是跟我們現在家庭的觀念，完全沒有交集是吧？他提的完全是柏拉圖愛情方式，以精神為主，不是肌膚相碰的關係。所謂的超本能性純精神的愛，那麼高的理想，誰能做得到啊？完全將夫妻的關係中的愛情基礎，放在道德脈絡上面來講，在現在的社會幾乎沒看到，很難找到有一種精神性的愛，以道德理性作為男女結合關係的基礎。

饒俊：其實我是蠻認同他的這種觀點。兩人一開始在一起談戀愛，可能是基於一種本能性的衝動，然後彼此吸引結婚。但是當幾年過去之後或再更多年過去之後，大家能夠繼續的去維繫這種關係，將對方的父母，當作是自己的父母，就是兩個家庭或是家族的各種交融，我覺得這就是超乎性本能的一種交融。

吳汝鈞：唐君毅所講的，就是太不夠現實。他是一種完全理想主義

---

[2]　唐君毅：《文化意識與道德理性》，頁 71。
[3]　唐君毅：《文化意識與道德理性》，頁 69-70。

的想法。兩個人相親相愛，會想到未來結婚的後果不多，大家都很年輕，你愛我、我愛你，很多時候不會想到結婚的事情，沒有的，在那個瞬間，你什麼都不會考慮。這裡講的道德生活發展歷程，很不夠現實。

余若瀾：老師，唐先生跟他的妻子之間的感情是非常理想嗎？

吳汝鈞：他跟他的妻子之間，以兄妹互稱，唐君毅以哥哥的身分，跟她交往，完全是倫理化，以兄妹關係來維持婚姻關係，哪有人把自己的老婆看成是妹妹，這可是亂倫的，可他卻是這樣想的。唐君毅真的是太理想化了，以男女有序的堅貞為常道，現在男女要結婚，哪裡會想到這些呢？就他們在大街大巷、捷運上相親相愛的，根本旁若無人，哪裡會想到以堅貞為常道呢？

余若瀾：可是老師，永續、堅貞跟相親相愛矛盾嗎？

吳汝鈞：唐君毅所談的男女婚姻關係的想法，太理想化了，跟現代實際的情況不一樣。第二部分就是家庭關係的構成及道德理性，提到很多唐君毅相關的家庭問題，跟道德理性的關係。我自己認為唐君毅在《文化意識與道德理性》的夫婦關係方面講得太理想，但我不是否定唐君毅的想法，這是很重要的。我不可能做批評，只是有點意見，這樣的愛情，是只有柏拉圖才會同意，其他人都不會同意的男女關係。不能光是從道德來講男女關係。男女關係焦點在愛，愛裡面有幾個層面，一個層面就是性愛，sexual love，無理性的、身體的愛，男女之間的愛，跟婚姻沒有特別的關係。這種情況，唐君毅完全沒注意社會上的婚姻關係。另一種就是情，男女之情，這個情就是所謂的情愛。情愛跟性愛不完全一樣。性愛完全是肉體

的，physical material 的那種愛，跟道德掛不上勾，很現實的愛，現在的人就很流行這方面的愛。而且有些情況是只有情愛，沒有性愛的，性愛是一個人下降到動物的層次。比較複雜的就是情愛，情愛可以包含兩個方面。情，講得比較通俗一點就是感情。就是夫妻之間的那種感情、情愛，就是從性愛提昇到情愛、人情的層次，所以我們講的情愛，很難說得清楚，因為既有肉體，也有感情的，也有家庭關係的，也有父母關係的。夫婦的感情、兄弟姊妹的感情、結婚後所表現的感情，好幾種包含在其中，所以情這個字眼，很難說清楚。可以從金庸的「問世間情是何物，直教人生死相許」，這幾句話來了解，情牽連很廣、很複雜，很難處理這些問題。唐先生了解跟處理男女之間的關係，看起來、聽起來是非常好，可現實上不是完全不可能，只是很少發生這種事情。我想講是這樣講，書是這樣寫。可是在現實社會裡面，夫妻男女之間的愛，男女之情，把它道義關係化，就是太理想化了。

楊婕妤：第二部分從父母子女關係來看。父母對子女為「慈」。除了本能愛外，自始亦有與本能的愛相並開展的精神之愛。人能自覺，「知其子女之生命之超越其自身為獨立之個體」，知子女具有獨立人格，不能視為夫婦間的結合產物，「兼視為精神性的愛情客觀化」[4]。夫婦間由精神性的愛情轉為對子女的精神愛，父母與子女之間的關係，完全道義關係化。再由下往上看，子女對父母應「孝」。父母無論是否愛我，我都應報之以孝，因此人當孝順父母的理性依據，不在父母是否愛我。唐君毅指出孝的形上學根據：

---

[4]　唐君毅：《文化意識與道德理性》，頁 100。

「人之孝父母，根本是為了返於生命所自生之本之意識」[5]，所謂的返本，是生命個體返於生命本體、宇宙本體，由生命現實存在性返於宇宙精神的實在性，達「天人合一」境界。「人又何以當返本？因人必須超越自己之生命以觀自己之生命，即必須認識我如是之生命之存在，自時空觀之，非自始即存在。我在未出生以前，我不存在。我之存在乃父母所誕育，父母之一創造」[6]，將對自己之現實存在之愛，上推而成愛父母之孝，孝之為道德生活，其價值表現在返本之「返」上。孝自始為超性本能，是子女對父母純粹精神之愛，亦即為人之道德理性之直接顯示，具有普遍性道德意義。

吳汝鈞：這裡對孝有一種從形上學的根據來說，他這樣說：「人之孝父母，根本是為了返於生命所自生之本之意識」，這種情況我想太理想化，而且他的這個表達，也不是很流暢。我們要把家庭道德，比如說孝，代表家庭道德，往上往外開拓，一起到了形而上的本體，開拓到這階段，才算是成功。就是以孝為代表的家庭道德，把它本體化、形而上化，是不是一定要預設一種形而上進路，讓他從這條路發展下去，最後就達到本體境界，是不是一定要這樣呢？顯然唐君毅有這個意識，他要把家庭道德推廣開拓，越來越寬廣。如果家庭道德只是在一般社會的範圍裡做工夫，他認為這樣還不夠，應該繼續往前發展，從家庭到社會，再到國家，再超出國家政治範圍，一起到精神境界，就是形而上學本體境界，才算是成功。顯然是有這麼一種問題，我們也可以提出，實現家庭道德，以孝為本，是不是一定要像他所想的那麼遙遠，那麼寬大？一定要到形而

---

[5]　唐君毅：《文化意識與道德理性》，頁74。
[6]　唐君毅：《文化意識與道德理性》，頁74。

上階段，才算是成功？是不是一定要這樣呢？

張力云：對於唐先生的超越的、形而上的家庭觀點，我覺得不一定表示讓現實中每一個家庭，用這種方式，就可能是純淨化自己，就可以達到理想的、形而上的家庭世界。如果說這是一種工夫，那像老師前面講的，脫離現實，而且現實中也很難做到，現實中很多例子都不合於這種形而上的家庭觀念。可是如果說，我們理解唐先生的家庭的、形而上的家庭理論時，是當成一種現象背後的根據來理解，由此講常道，就表示有永恆性，是可以的。就算現實生活中，有很多家庭沒辦法達到理想，並不代表不是真實。所以唐先生或許認為現實生活中，有千千萬萬的家庭可能都不圓滿，可是不能用這點來否定他有建立一個超越的形而上的理念，是能夠支撐家庭觀念存在的依據。這有點像理型，但又不能說是工夫論，就很難完全講到它是一種工夫。如果是理論的話，他像是往後推溯，推到為什麼家庭觀會成立，給他一個理由，覺得這裡不一定是講工夫，或許他還沒到那種層次，至少我覺得到這個部分，是概念的往後推溯，還沒有如何讓家庭理想化。

吳汝鈞：剛剛提到的形而上的根據，就是家庭道德，要往外推溯、往外開拓、往外發展，這是你假定這裡面是有一種形而上的力動，而且是一個根據，你就是要以形而上的根據為本，努力實現出來。那當然就是形而上的根據，就是本體，不是每一個家庭都能夠達到的成果，可是我們還是要朝這方向去做。做的怎麼樣，是成功還是失敗，這些你都管不了了，所以就是要把這形而上的根據建立起來，那結果就是你能不能達致那種根據？現實中每個家庭都不一樣，每個家庭所表現的程度，是不是能夠充實飽滿，用牟先生的話

語，就是充實飽滿。不一定要這樣是吧？這是我們的目標，可是事實上，不是能夠發展到這種程度，可是我們還是要朝著這個方向做下去，能成功多少，那就要看每一個家庭的限制，因為限制會影響目標的達致。如果是這樣的話，唐先生很明顯本著他的哲學方向，讓家庭道德往上開拓，一直到本體，或形而上的根據，才算是常道。這點其實可以引起很多爭議。家庭道德只需要在家庭、在社會，這只是初步，範圍比較小，你在這方面做好，已經算是成功，不一定要設立一種形而上的根據，作為家庭道德發展的極限，不需要這樣，唐君毅不是這個意思。我提的是另一個問題就是，要不要有一個本體作為達致的目的。因為你現在所講的只是家庭道德發展而已，家庭道德發展下去，只要讓家庭裡面的每個個體都表現出成果，這就夠了。那形而上方面的事，就管不了那麼多了。所以這顯然是有兩種不同的考量。一種是要達到形而上的根據，才算是成功。另外一種就是人人實際的條件不一樣，無論成功與否，其作法都是正確的。失敗或中間有挫折，那是個別問題，因為每個家庭都有它自己的限制。你做不下去，你就真的做不下去，你要停，就真的要停，不要勉強，你要知足。對於這點，唐君毅會怎麼回應呢？我們這樣提出這兩個途徑，他會有怎樣的回應，這才是最重要的。當我們做一件事情，如果談到成功與失敗時，如果你太執著於成功是要達到最初設定的目標；若不能夠達到這個目標，你還是不成功，是不是這樣呢？我想唐君毅還要考慮到這點，不要把這個理想提得太高，高到超乎我們現實能力之外，不要每個人都必須從家庭倫理提高到本體，到達形而上學的境界。

楊婕妤：第三部分兄弟姊妹關係應為「友」。「父母之愛情之客觀

化為子女，而父母愛其愛中之愛客觀化即成子女間之愛」[7]，此即兄弟之友愛。兄弟友愛即父母愛情中之「堅貞道德之客觀化」。又透過父母本身生命精神的一貫性統一性來看，兄弟間有一心共命之意識。[8]兄弟間的關係不以欲望來維繫，「友」自始為超性本能者，直接顯示為純粹精神性之道德。總之，家庭形式（末）是由人之道德理性（本）自身開出一個價值領域，規範超化人之原始性本能，並實現人的精神活動、道德活動的又一道路（途徑），於此道路人能依道德理性以實現道德自我或超越自我、精神自我（返本）。此「由末返本」的思維方式來闡述家庭道德觀，目的是希望人能有自覺地依理而行，依內化的道德理性發用為外面的家庭活動和實踐，以成就家庭現實，並實現道德自我或超越自我、精神自我，從而成就自我的完美人格。

吳汝鈞：家庭關係裡面，要有客觀化的關係。怎麼客觀化呢？

楊婕妤：愛情的客觀化，就是不把自己的主觀情感放在這裡面，他是抽離愛情之外。

吳汝鈞：愛情裡面又講那個客觀化，好像不好講。愛情是不能分享，一個對一個，若一個對兩個，就一定會產生麻煩，那麼關係很難發展下去。這樣就不能說客觀化。唐君毅有一種企圖，就是把種種關係由近而遠，父母、子女是一種關係，兄弟姊妹是另外一種關係，父親、丈夫跟妻子又是另一種關係。客觀化並不好理解，尤其愛情不能分享。他這樣講愛情，你覺得怎麼樣？愛情，從性本能

7　唐君毅：《文化意識與道德理性》，頁87。
8　唐君毅：《文化意識與道德理性》，頁88。

的階段往上開拓,再加上道德觀念,最後讓男女之間的愛情從身體,往上開拓,一直開拓到形而上的境界,這是非常理想主義的一種看法。同意他這種講法的人不多。S. Freud 是一位心理學家,同時也是一位精神科醫生 psychiatrist,專門研究人的精神問題。他將學說、看法,把夢放在精神分析之中,成為很重要的成分。尤其醫療一個人心裡不平衡時,夢擔當很重要的角色,他著有很重要的書叫《夢的解析》。把人的一切,關於情的活動都還原到性愛方面。再進一步,一般的感情生活,當然是以性愛為主,往上提昇,提升到一個普遍的、形而上的境界。透過性關係作為愛情生活的主幹,在他的心理學,尤其是心裡分析,道德是沒有容身之處的。Freud 的精神分析學說,從性愛生活一直往外散播他的影響,影響到人性、社會活動、文化活動、歷史等,在西方引起了很深很廣的影響。可從東方的觀點來看,我想這套精神分析,很難找到贊成他這種講法的人。特別是當代新儒學,強調以道德理性為主的學問,基本上與性為主的感情是可以說剛好對反的。當代新儒家肯定不喜歡這套精神分析。在他們的眼中,精神分析是一種還原為動物性的學問,和人性無關,是反人性的。

楊婕妤:接下來,我想探討現今家庭生活的危機,如報章雜誌看到有親子衝突、子弒父、虐童、婚姻家庭暴力等事件,以及臺灣近三年來結婚數漸少,離婚率連年攀升[9]等現象,能不能就唐君毅的道德理性基礎,為我們提供正面轉變的機會,建立良善社會?值得我們深思:如何穩固我們的家庭和諧,改善社會的風氣。目前改善現

---

[9] https://www.ndhu.edu.tw/files/16-1000-125537.php?Lang=zh-tw （2018/10/01）。

在家庭危機事件，都是事後才透過司法手段，然而司法手段並沒辦法改善現況。如果就唐君毅的道德意識來規範我們的自覺，值得我們現今社會借鏡，具有實踐的價值。在離婚率居高，探討夫妻的關係，唐君毅以永續為常道，離異則是一種不得已的變道。對這種變道，唐君毅提到一定經過深思熟慮後自己所下的決定，不反對離異。離異並沒有不好，沒有惡劣的意義；那麼強行常道，指責他人行變道就是一件不道德的事情。但行變道卻犧牲自己行常道的人，其道德具有個人意義，且有社會意義與宇宙意義。例如可能需要離婚的婦女，為了小孩著想，犧牲自己行常道，這種人格值得被推崇。離異決定是不能輕率，要經過深思熟慮；若能夠深思熟慮，應可以降低我們的離婚率。

吳汝鈞：唐君毅有提出，「強一切之人行常道，反成不道」，這裡是不是有辯證的意味呢？在哲學上，這是道家喜歡講的。強一切之人行常道，就是勉強所有的人去實行常道。常道應該是正道，反常不道。你能不能在我們日常生活裡面舉一個例子，什麼叫強一切之人行常道，反成不道？反常不道，這個比較難理解。常道是什麼意思？

楊婕妤：常道是指婚姻永續，變道就是不能繼續順其自然發展下去。我的理解是，在不合理的狀況下，你忍耐下來或勉強繼續，這樣反而是不合常道，是不好的。變異是不得已，只要離異之前，經過深思熟慮，在良心自覺之下決定的，不是輕率的情況所做的決定，是可以的。不是要求為了常道要勉強自己。類似家暴，傳統婦女在家暴的狀況下，經深思熟慮後是可以離異的。父母在本性上面一定會養育子女，所以如果父母不愛子女、不養育子女，這是非本

性，或本性只是一時被閉塞，沒有表現出來。而孩子則有義務把蒙蔽打開，盡孝道。即便父母沒有養育他，子女仍要盡孝道。現今臺灣刑法、民法規定中，有提及父母對於子女的教養權利與義務。如果父母沒有餵養子女，老時卻要小孩養，在法律上是可以免除他扶養的義務，這地方與唐君毅的想法有些不一樣。就唐君毅的說法，父母不愛我，我不當不孝，所以更應該用孝道去改革父母的心，使父母振起本性，而免於不養之過。我們可以深思，對父母要有孝思。父母對子女的愛是精神性的，子女對父母的孝也是絕對性。父母蒙蔽本性不養育子女，子女要用孝道來感動父母的心，不可以期望效果，或者因為時間長，所以就放棄了。

吳汝鈞：如果是這樣，就是說父母教養子女，等子女長大以後，在生活上也要幫忙父母，這是不是可以當作是一種強制的法律？就是父母要養育子女，然後子女也要回報。

楊婕妤：臺灣的法律對於民法跟刑法都有這些規定。父母一定要先養子女，子女長大之後，可以根據這些條款，來看是否免除扶養義務。

吳汝鈞：那照唐君毅的講法，父母養育子女，子女回報父母，是自己的意願。應該自然地這樣做，而不是受法規的決定，這樣解釋是沒有問題的。但是不是真的一般人能夠實行這麼一種孝道呢？

楊婕妤：如果不以法律的途徑，社會是不是更為和諧呢？像我堂妹，她用孝心感動了她爸爸。她爸爸之後就沒有去碰賭博的事情，那現在家庭看起來也挺和諧的，也就不會再有小時候的創傷。所以我要說，唐君毅的這兩點值得我們深思、效法。若不是這樣子，夫

妻關係、父母子女關係都要走法律途徑了。

吳汝鈞：父母不養育子女，反過來，子女也不孝順父母，真的是越來越普遍。我想確立一些條例、法律，有其必要性。那你提到的家庭道德的現代意義，為什麼要強調現代呢？家庭道德應該是放諸四海而皆準的真理，就是常道，而且是因為現代意義，顯然是一種道德的基礎意識。

楊婕妤：家庭道德是一種常道，把常道放到現今生活來看，就我們現今的生活是不是可以做調適的地方呢？臺灣社會問題蠻多，如果僅強調法律、司法沒有辦法真正改變，道德理性是無法落實的，人與人之間的關係亦越加淡薄。唐君毅認為父母在兄弟子女，以同居為常道，還有另一點是女嫁男家，這才符合道德理性。他認為父母在世時，子女行孝道，應該要常常在父母的身邊，子孫是不能分居的，這才是正道。因此，子女在父母活著的時候，不能獨立成家。生長在大家庭之中，才能伸張生命的道德觀念，從父母、夫婦的私情拓展出去，轉化成子媳之間的公情。三代同堂的家庭觀念中，家庭形式完全展開，才能真正的陶冶人的道德意識，也是最符合道的家庭意識。不過，隨著社會風氣、家庭結構改變，也有不合時宜之處。另外還有不合時宜之處就是，唐君毅提出「以女嫁男家符合道德理性，因男子出其家以求女，乃先表現離家之意識，故家庭意識喪失，又男子與女子性格差異」。就是婚姻制度多元化，不一定女嫁男家，如果女生是獨生子女的話，還是會有入贅狀況。入贅在現代而言，也還蠻正常的。因為我媽媽是獨生女，爸爸入贅，他們的關係也並沒有如唐先生講得家庭意識喪失，入贅並沒有什麼不道德。此種「心靈至上」理想的人文主義，雖有些不合時宜，但通過

道德意識的陶冶，人們內化的家庭道德理性，夫婦堅貞、父慈子孝、兄友弟恭，實踐家庭關係時，若能自覺地扮演好家庭角色，擴充仁善之心，提升個人道德精神，家庭自然和諧，乃至建構和諧社會。

楊婕妤：上面是講《文化意識與道德理性》的家庭意義。以下轉到社會方面。唐君毅認為文化發展是繼承中國傳統的六藝文化，詩、書、禮、樂、易、春秋。詩屬文學、藝術，禮屬道德倫理、社會風俗，書屬政治、法律和歷史，易屬哲學、宗教，春秋為教育、法律，由此建構一完整的文化哲學系統。這些文化活動次第形成，由個人開始，每個人皆由家庭而生，家庭是文化開展的基礎，也是人類社會中最基本的存在，故首論家庭。從家庭開始發展，進而生產、技術與一系列的範圍，如社會、經濟、政治、科學、文學、藝術、宗教、體育、軍事、法律、教育等各項文化活動，這些文化活動皆本於人的心性，並肯定人類文化活動的道德價值。這正也顯示道德理性遍於人文世界。

　　唐君毅認為一切活動都是理性的自我表現，即是文化。所有的文化本原都是至善的，都可以培養人的道德而完成人格，並且教育後代。相反地，人的罪惡來自貪欲，特別是人的理性自我沒有被充分展現。他將各種文化領域或文化活動歸納為十二類，依形成次序，以家庭為先。

　　在家庭意識上，提出「依理性以規定自然生理關係成為親屬關係」為目的的家庭倫理理想。他特別重視家庭關係中的常道，並由家庭中人與人的情感關係中，指出人有超越個體與超越自我的道德聯繫。

　　生產技術與經濟文化活動，不能以求生存的欲望為目的，而是要「依觀念以改造自然物，製造人需用的人造物」為目的的生產技術之理想，以及「依理性共同生產和分配消費財務」為目的的社會經濟理想。其中的道德理性，能使公平分配的社會主義經濟轉為人文經濟之理想。所謂的人文經濟，即重心不在生產與分配，而是以文化道德意識為主宰的消費、分配、生產的種種經濟活動。透過尊重他人私產，私產運用的意識達到道德生活的意識，產生「大公無私」的意識，這樣的意識能使人各據私產，互相承認私產，並承認整個國家社會經濟發展大於個人私產。個別的經濟活動交會出國家社會的文化道德進步的目的，肯定了私產制度的道德理性基礎，進而發展人文經濟的理想。

　　唐君毅強調，政治、文化活動，不能以分配權貴為基礎，而是要以「依理性組織個人社會政治團體」為目的的政治理想。一旦人的權力欲或權力意志泛濫開來，便容易因爭奪而自毀。因此必須轉為追求成就個人與他人公共生活事務，因人的權力意志具超越性質，而隸屬於一種道德意志。依此種道德意志，人能尊敬自己的國家外，也能尊敬其他國家，而達到國際間和平，甚至天下一家的理想。天下一家並不是要以武力消除國家界線，而是要出於人類的最高仁心，呈現社會和諧包容狀態。人要有「直接以自我得真理或真知識」為目的的科學與哲學理想。科學的目的在追求具體真理。雖可推進社會進步，但並不能將它視為至高無上，因它仍有其侷限與弊端。他認為我們要追求價值真理，真者不必善，因此不應以科學哲學活動本身具道德價值，而是在追求具體真理的過程中，逐漸對自然世界、知識的束縛，超越自我，表現出道德價值。他強調我們要避免走向物化，科學家為政治、經濟目的使自己的研究成果危害

社會，這是很不好的，我們要反對科學宰制人文。

　　唐氏認為，面對西方的衝擊，在追求科學、政治、社會經濟文化活動時，不能縱於人的生物本能、原始欲望，一旦將科學、政治、社會經濟淪為人的人生目的，成為衡量一個人的價值標準時，整個世界都會被物化，人類的心靈會下墜。

　　唐氏又認為「直接以自我能欣賞美和表現美」為目的的藝術文學理想，其目的只在欣賞美，為求美而求美，而此求美所依的心靈是道德心靈，故能表現出道德價值。他強調審美意識、審美判斷與求真意識不同。科學求真理的活動目的是要得到具體的真理，而具體的真理可在美中實現。藝術文學求美的意識，必須在真理的價值基礎辨別下完成。進一步，求真意識與求美意識皆不能自足，必須要另尋解決，以補足自身的缺失。此兩種意識仍不能安頓精神生命。另一種更高的意識即宗教意識。宗教意識之核心為自欲望的我中求解脫，這是一種皈依、崇拜神的意識，是一種純粹的超越現實自我，以體現超越自我的意識。它根源於人的心性的無限超越性和對真善美的永無止境的追求，目的在於人的精神不斷完善，進於「天德同一」的人文宗教。這與科學哲學求真、文學藝術求美、道德哲學求善有所不同。

　　依唐氏的意思，道德活動可以是一種自覺支配自己生活向善的意志活動，又是可與其他如宗教、政治、體育等一切的文化活動並列。道德活動求善，在真正最高的道德活動中，我們應自覺地促進社會道德。在從事文化活動時，我們能由道德活動的善，以追求實現真、善、美的文化價值。人類從事科學哲學、藝術文學、宗教、道德、生產技術、社會經濟、政治、家庭文化活動時，都只求文化活動所想實現的價值，追求文化活動順利進行，並不需要兼顧實現

其他文化活動。然而，人從事體育、軍事、法律、教育四種文化活動中，是有欲實現的外在目的，如體育練養身體，使精力充沛，從而促使各種文化活動興旺起來。軍事保衛國家和國家利益。法律維持社會秩序，維護人類文化，建立生活條件秩序。教育以文化陶冶個人性靈，以延續各種文化活動，造就發展文化的個體人格意識。唐君毅認為這四種文化活動，各形成獨特的文化意識與道德價值。在體育、軍事操練動作的過程中，包含多種文化意識，如藝術意識、政治道德意識、學術意識等。體育能夠自覺地建設自己的生命，表現精神價值、道德價值。軍事則是通過可能的自然生命死亡，以獲得生命意識。法律為維護人類文化，建立人類生活集體秩序，而最高的法律意識應通乎禮。教育為延續未來之人類文化，發展人類文化的個體人格意識，而最高的教育意識便是自求延續人文世界、人格世界。如果不是為了促進、保衛、維持、延續人類的文化，那麼體育、軍事、法律、體育都不能成為一種文化。

總而言之，這十二項目概括人類文化的全部理想。而這十二種文化活動表現某一種特殊的文化價值，實際上同時表現道德價值，即是人的超越自我、精神自我。道德理想是文化理想中的其中一項，但所有的文化理想都是依於人心欲實現道德理性而生。也就是說，「人的各種文化精神活動，皆是人的道德精神活動的化身」。唐君毅以道德統攝一切文化活動，道德並不是凌駕於文化之上，而是內化於文化活動之中，既是內在又具有超越的實踐意義。

以下要對《文化意識與道德理性》作一總結。唐君毅在西方文化衝擊下，對於中國近百年的文化加以質疑，但不贊成一味地西化，況且中西方都有迫切的問題需要解決，我們需回應與反思。中國文化傳統的弱點，在無法對應社會實際效用；西方文化的弱點，

在忘卻本有的超越性。因此他特別強調道德理性與各種文化貫通，展現理想的人文世界。唐君毅的人文世界是以儒家思想為中心，而儒家精神亦有其思想根基。

在《文化意識與道德理性》一書中，唐君毅開宗明義表示：「人類一切文化活動，均統屬於一道德自我或精神自我、超越自我，而為其分殊之表現」。[10]道德自我、超越自我，也就是道德理性。他認為人類文化是精神的表現，而精神是屬於個人的。先有個人的精神而後有文化。因此要了解人類的文化活動，必須了解人的精神與理性本身。

首先，他強調內在超越性。人必須自覺，無論人性、人文都離不開人，「人文世界，人不僅是人，而且必須自覺他是人，異於禽獸，異於物，自覺的求表現其人性，以規範限制超化其動物性之表現」。[11]人之所以為人正是清楚表示人與禽獸的差別。而且還要以自身為目的，以完成自己的人格為目的，不能成為他人、社會、國家的工具。當人有超越的理想時，便能同時超越欲望自我、經驗自我，能將社會、公共意志放在個人的基礎之上。而一個理想的人文世界就是使每個人都有自覺，有自覺的超越，努力成為有德者。

其次，「中國文化開始即重實踐」，儒家的人文精神是務實，重實踐。唐君毅認為此種實踐是理性的結果，於《中國文化之精神價值》一書中，稱這種依實踐而貫徹理性，由理性而指導實踐的文化精神，稱為「實踐理性」。這有康德的實踐理性的意味，但內涵又比後者的寬廣深入。儒家精神就展示在我們每天的日常生活之

---

[10]　唐君毅：《文化意識與道德理性》，頁5。

[11]　唐君毅：《人文精神之重建》（桂林：廣西師範大學出版社，2005年），頁33。

中，並非高不可攀。若沒有實踐的行為，再多的仁義道德、禮樂制
度都只是價值觀而已。從文化的價值和理論建構角度來審視，「實
踐理性」的命題是對中國文化中一以貫之的學用一致的傳統理論的
昇華，既強調理性的超越的意義，又同時將理性契入現實生活，使
二者互為表裡。

　　沒有自覺意識和內在超越，沒有價值理想的矢向，即沒有人類
各種文化活動與成果。這些文化活動各自獨立、發展，追求各自文
化實現的價值，其中都隱含一基礎，此一基礎為道德理性。人本身
即具有內在超越性，又在日常生活中證成各種人倫關係、人際關
係，乃至與社會、國家的關係，處處需要具體實踐的德性。一言以
蔽之，道德理性是人文世界的根底，遍於人文世界。

第三章　道德理性的人文矢向

余若瀾、吳汝鈞

吳汝鈞：今天我們討論的是〈道德理性的人文矢向〉，請同學報告。

余若瀾：我這篇文章以〈道德理性的人文矢向〉為題，主要論述唐君毅先生如何看道德為一切文化活動的根本，道德自我為一切文化活動的基礎，人人具有道德理性。當人依道德理性而對客觀世界達致理想時，便有了文化理想及文化活動。道德理性具有超越性、主宰性、普遍性和必然性，道德活動則具有獨立性。真正的道德活動，不能排斥文化活動於其外，應包含為促進社會道德而從事實現文化理想、文化價值及文化活動，文化活動也因道德理性而有其矢向，這種矢向在科學、道德、藝術、宗教等四個方面有不同的論述。

　　唐君毅先生原欲作一文，論家庭、國家與天下觀念的建立，後由此而擴大成《文化意識與道德理性》一書。此書旨在說明「人類一切文化活動，均屬於一道德自我或精神自我、超越自我，而為其分殊之表現。」[1]唐先生將道德理性作為一切文化活動的根本，道

---

[1]　唐君毅：《文化意識與道德理性》（桂林：廣西師範大學出版社，2005年），〈自序二〉，頁3。

德自我是一切文化活動的中樞。相對於自然主義、功利主義、現實主義種種說法，唐先生推擴道德自我、精神自我的含義，說明人文世界之成立，並以道德自我、精神自我主宰人文世界。唐先生開拓道德自我、精神自我的含義以說明人文世界的成立，便是以道德理性的超越、主宰的特性論人文精神的開展。

　　唐先生認為一切文化所產生的弊害，皆是因為文化與道德理性相乖離，是以需要以心超越自然之性，而成為人文的主宰。本文論道德理性的人文矢向將從兩點入手，其一為道德理性的展現須經由文化活動，其二為文化活動受道德理性的導向作用。因已有同學就《文化意識與道德理性》（1958 年）進行討論，是以本文聚焦於道德理性的人文矢向，將以唐先生較早期的《人文精神之重建》（1955 年）為主軸，又參看《中國人文精神之發展》（1958 年）[2]與《文化意識與道德理性》。

　　本文第一小節論述唐先生的道德理性是通過文化活動展現的。唐先生的道德理性是道德自我、精神自我與超越自我之所以成立的根源，這種說法採自中國儒家的「性理」之說。他強調道德理性具有超越性、主宰性、普遍性和必然性。超越性指的是這種理性超越物質世界與自然本能，是內在的人心之「能」（取自儒家「能」、「所」）；主宰性指的是人所有的文化意識、文化活動都是由道德理性、道德自我發出，以自我為主宰；普遍性由超越性引出，指的

---

[2]　《中國人文精神之發展》（臺北：臺灣學生書局，1991 年）與《人文精神之重建》（臺北：臺灣學生書局，1991 年）中心思想無異，只是《中國人文精神之發展》論人文精神與經濟、政治、宗教更能深入文化精神生活的內部，也較為具體；《人文精神之重建》則更為廣博，內容更為多元，故以《人文精神之重建》為主要參考資料。

是因道德理性而形成的道德理想能夠超越特殊的現實（如特殊的政治、經濟、社會環境），破除私己，形成具有公心、普遍性的道德理想；必然性指的是此種以普遍性、公心的道德理想為人的道德生活必然產生的。[3]道德理性具有形而上、超越的性格。然而當它在現實生活中展現時，即是精神活動。

　　唐先生認為文化現象根本上是精神現象，文化是人精神活動的表現或創造。[4]文化不同於心理現象，具有超個人性與客觀性，亦因其具有主觀心理因素而不同於社會現象。文化作為人精神活動的表現與創造有其道德理想，這種道德理想的實現須在客觀的外在環境之中。心靈的自覺貫通了主體的生命，指揮身體發出行動，對於人類社會及自然進行改變，一切文化活動順應道德理性而生。唐先生把理性的道德理想分為十二類，分別為：科學哲學、藝術文學、宗教理想、道德理想、生產技術理想、社會經濟理想、政治理想、家庭倫理理想、體育理想、軍事理想、社會秩序理想、教化理想。此分類似可指向文化活動的全部內容，其內在根據即是道德理性。

　　猶有一點須指出：道德理性的主宰性、超越性與文化活動的關係。道德理性自作主宰，潛藏著自足性，即道德理性可以通過內在的過程自我完成，如內心的反省，誠敬工夫的實踐。這也說明了道德理性不一定需要外在的呈現。然而文化活動則需道德理性，道德活動作為一種自覺或不自覺的內在活動，潛藏在文化活動之中。道德活動雖有自足性，卻因於道德理性的普遍性和必然性，有對外在社會進行改造的動力，所以道德活動的實現，也力求促進他人和社

3　唐君毅：《文化意識與道德理性》，〈自序二〉，頁 16-17。
4　唐君毅：《文化意識與道德理性》，第一章，頁 1。

會的關係。所以唐先生指出:「真正最高之道德活動,應自覺的為社會之道德之促進,而從事文化活動,以實現文化價值。」[5]若缺乏文化活動,人與人之間就缺乏客觀的聯繫媒介或象徵,而不能夠相知以充實道德生活,不能形成具有各種文化特性的人格形成。

吳汝鈞:我補充一下,我們還要對人文進行一下討論。英文人文是 humanity,還有兩個詞,human 和 humane,我們常說 human。如果我們說人的文化,一般用 human。humane 與 human 有些微分別,human 指的是人類的自然,humane 指的是人道。所以我們說 human nature。

再者,自覺的道德活動可說,不自覺的道德活動可能有問題。道德活動都是自覺的,哪有不自覺的道德活動呢?如果不自覺的道德內在活動指的是睿智的直覺,康德沒有將道德理性與文化意識放在一起,這是唐君毅的個人創造,唐先生提升了道德的作用。所以我們不說康德有泛道德主義的問題,而唐君毅則有這個傾向,因而常被詬病。還有,就真正的道德活動而言,這包含客觀化的問題,有個人、家庭的道德活動,由此推廣到有家國天下的道德活動,越開拓,則規模越大。真正最高的道德活動會引起爭論,道德活動就是道德活動,就是由個人開始推廣到家庭,社會,國家,天下。道德活動還有不是真正的、價值不高的嗎?道德活動還有真假高低之分嗎?也許不是真正與否,而是在於所涉及的範圍,那就是在空間上的推擴。

張力云:之前在報告中,唐先生將勇敢也當作道德活動。

---

[5]　唐君毅:《文化意識與道德理性》,第八章,頁 496。

吳汝鈞：這不是高低的問題，而是充實飽滿的問題。就質而言，道德是無所謂高低的，道德皆是平等的。推己及人是量的差別。親親仁民愛物有親疏分別。只有一張輪椅，供給自己的父母。別人的父母行動都不方便，這應是先照顧自己的父母，這有親疏厚薄的分別。這與上帝造人不同：在上帝的照臨下，人人平等。

余若瀾：是不是自覺的道德活動更高呢？

吳汝鈞：我認為只要是道德活動都是自覺的，沒有不自覺的道德活動，如果道德活動不是自覺的那就是被迫的。

余若瀾：是不是老師的自覺和唐先生的自覺在對應上不同？

吳汝鈞：表現文化活動需有強烈的文化意識，文化意識不是分開的、相互獨立的，而是相互包容的。但是幾種文化活動的成果不同，科學、道德、藝術、宗教這四種文化活動各有其目標，成就文化的成果，如科學之真、道德之善、藝術之美，宗教之神聖。所以這四者皆有其基本的性格，互不相混淆，可以獨立成為一種人類的價值生活，自覺的價值生活。

其中科學，道德，藝術，宗教皆有其獨特的價值自我，所以，真、善、美、神聖這四種有不同的心靈矢向，很難說誰統攝誰。哪有一種活動統治另一種活動呢？各種活動是平等的。這樣可以開出種種豐富的文化成果。道德是一種文化活動，或者說文化活動的成果，與其他活動不同。所以新儒家一直以來強調道德意識與道德自我，將道德提升到所有價值之上，認為種種文化意識都出於某一主體活動，即道德活動。這是新儒家最大的問題，唐君毅受到攻擊、質疑最多，他以道德最高，科學差一點，藝術宗教夾在其中。如果

將幾方面的文化意識都統攝在道德意識之中，表示道德理性在基本的態度上是高於其他幾種理性，其他幾種理性都低於道德理性，這是文化哲學中非常重大的問題。新儒家被批評為泛道德主義，如果我們承認每一種文化活動所成就的成果都有其特殊的價值，如果從文化成果，文化意識，文化理性都有其獨立性，則以道德理性來統攝，則難以公平。這是一個公平的問題，究竟這幾種文化意識是否平等呢？若以道德為核心，則可能其他文化活動的從事者並不會贊同。馬一浮和唐君毅受詬病最多，馬一浮所強調的心性，是道德的心性，並非其他三種心性。所以新儒家不可以不面對這個問題，如果我們不主張單獨強調某一種意識，而將文化活動皆視為平等的，便不會出現文化意識與道德理性的問題，就不會落入泛道德主義的詬病了。

　　若以道德理性來統合一切，藝術家，神學家，科學家會提出抗議。究竟道德理性與其他文化活動是否有主從關係，至今還沒有解決。如果將道德理性作平觀，那便還有藝術理性，宗教理性，科學理性。試討論何者為基本 priority，新儒家認為道德較之宗教更加具有基源性，是 fundamentals。但是京都學派，作為亞洲最大的哲學學派，提出了相反的想法，認為宗教比道德更有基源性，認為要先消除道德的 priority，才能講宗教。在他們看來，道德主體要先消除分別性，在宗教理性之下，才可以談宗教。文獻的根據是《六祖壇經》，不知善，不知惡，覺悟才能說。消除了善惡的分別心才能突破善惡的背反（Antinomie），才能講覺悟和解脫。這常為人忽略，這表示了禪宗的立場，破除了善惡的分別，才可以談宗教。在這個問題上兩個大學派一直有爭辯。

　　京都學派從西田幾多郎開始，直至現在第三、四代都有其價值

自覺，以絕對無為價值、文化的中心點。他們的印證肯認，是以種種生、死、善、惡、存在非存在、有無、理性非理性、明無明的背反裡，有分別心，他們提出解決人生中背反的問題是，人要從背反中突破出來，將背反的兩面壓下去，才能夠顯示終極境界，這是宗教的立場。若以此等背反為一條線，從中間斬斷，丟棄其中負面的一半，保留另外的正面的一半，這樣就只有生沒有死，只有善沒有惡，這是不行的。京都學派突破此一背反，認為背反的兩方在存在性上是平等的，不能有分別地棄此取彼。此與老子有很多相互對話的空間。我曾經問阿部正雄為什麼你們說絕對無，不說絕對善呢？阿部正雄說絕對善還是有分別心，無就沒有了。絕對善與康德所言的根本惡有一個背反。我是用儒家的思維問他。但是他的回答並不令我服氣，當時我沒有回答。現在我的純粹力動現象學克服了絕對有和絕對無的分別性，又克服了絕對有傾向常住論，絕對無傾向虛無主義的困境。

古捷安：我突然想到，想請問老師京都學派怎麼論孝？

吳汝鈞：孝，京都學派沒有特別提到。孝是一個基本的道德項目，現在子女孝順父母撫養父母比較少了。

余若瀾：接下來是第二部分唐先生以道德理性為一切文化活動的基礎。首先唐先生強調了文化活動是精神現象而非心理、社會現象，道德活動潛藏在文化活動中，再經由道德活動的普遍性、必然性特徵論述道德活動應開拓到外在世界，不可僅自己作為自足之道。人文活動受道德理性指向。道德理性為一切文化活動的基礎，是以理想的文化活動盡皆為道德理性所引導。因文化活動內涵極寬廣，是

以本文選取唐君毅先生最強調的宗教之神聖、道德之善、藝術之美及科技之真簡述之。

《人文精神之重建》一書承載了唐先生對中西人文精神返本開新的深切期望，強調了人當是人；中國人當是中國人；現代世界中的中國人當是現代世界中的中國人。而究其最終落腳點，該當為道德理性。在此點的基礎下，首先是宗教之神聖。此書開篇即以宗教精神為題論現代人類所需的人文精神，這一宗教雖主要指涉基督教，但是也包含原始佛教和傳統中國儒家精神。[6]

唐先生所論的宗教精神並非大眾流行的宗教精神，卻提出了「真宗教精神」這一概念。世俗流行的宗教精神，或是指一種堅定持守、勇往直前的意志；或是指向一絕對的信仰與希望；或是指人對於其信仰的目標，有一種能夠達到此目標的保障的感覺。這種宗教精神並非唐先生所特別關心的，因為這並不是一個勸服不信教者信教的活動，唐先生所論的宗教精神必是有普遍性和超越性的，這種「真宗教精神」指的是一種深切的肯定人生之苦難之存在，並自覺自己去除苦罪之能力有限，而發生懺悔心，轉出悲憫心；由此懺悔心悲憫心，以呈現一超越的精神力量，從事道德文化的實踐。[7]

這不是浮淺的道德反省，卻是需要從內在發出的解脫罪惡的強烈意志，用這種超越的意志去化解人意識之中的罪惡。這種超越的意志，一方面對自身的罪惡進行懺悔，一方面接續超越罪惡的宇宙意志（神的意志或超越的精神力量）。通過這種宗教性的精神力量

6　唐先生認為中國古代儒家精神，原即是宗教，即道德，即哲學者，亦重利用厚生者，本當涵攝科學與宗教。（見《人文精神之重建》，頁 28）

7　唐君毅：《人文精神之重建》，頁 31。

拔除罪惡，展現出一種有宗教性的道德文化實踐。然而即使接續上了這一宇宙意志，若是將宗教精神理解為神的恩賜，佛的加被，那終是第二義的。因為只有不覺得有保障時，才可以真正被保障，所以真正的宗教精神自始至終都是謙卑。在這種謙卑中，承認自己有罪，承認自己對世界無辦法，從而檢討自己人格中的罪惡，去幫助他人感化自己，這才能解決當今社會的問題，從而創造未來的文化社會。這種發自內在的超越的、普遍的謙卑，可以說是道德理性的一種表現。

謙卑這一種行為可以有不同的解釋，可以說對上帝謙卑，這是宗教上的。對其他人來說有著一種謙卑的態度，這是社會性的謙卑，是人與人的關係。對某一事情、任務，有謙卑的精神，表示人是很認真對待事物的，這表示非常重視這個事情，由此發而為積極的行為。這也可以說是一種謙卑。

吳汝鈞：饒俊，你說什麼是謙卑。

饒俊：謙卑是對自我有約束，是恭順的，己所不欲勿施於人。

吳汝鈞：這是對事還是對人的呢？

饒俊：這是對人而言。

吳汝鈞：那對事，能不能用謙卑這一個字眼？

饒俊：應該可以吧，是不是可理解為對事情尊敬，了解其原理，尊重規律。

吳汝鈞：我們講謙卑，主要在宗教的脈絡下，覺得自己渺小、有

限，將自己與他力大能比較，覺得沒有自己的位子，因而生起一種謙卑之心。謙卑一方面是內在的，一方面是外在的。內在的比較重要，即是覺得自己渺小，不如人。以這種心情來做事，就會很小心，把事情當作重要的事，將事情很認真的處理。有負責的意味在里面。另外一種是向外的，耶穌叫人要謙卑，他自己本來的表現就是很謙卑的。他被釘在十字架上，作為救世主（Messiah）這樣一個崇高的身分，還是為世人著想，用自己的寶血，為世人贖罪，這裡面就有一種非常嚴肅的謙卑精神。對自然澎湃的敬畏可以現出對外的敬畏。項羽自殺時還是很驕傲的，認為讓他失敗的是天，非戰之罪。這體現了項羽的固執、自信，這便遠離謙卑了。

余若瀾：對應於宗教的謙卑，唐先生主要從佛家開拓心之虛靈明覺的工夫、儒家大公無私之理性與仁心兩點言及道德之善。

就佛家而言，它空掉一切執著，觀一切法之無常，觀一切法之因緣生，無自性。唐先生將帶有消極義的空進行了積極義的轉化：將心之虛靈明覺開拓出不空。此心之虛靈明覺之能量之純粹開拓，亦即使人之真正大公無私的理性，或性理或仁心，能流行於四方；兼使無矯亂虛妄之真知識成可能。此在佛家名之為由智生悲，依根本智而有後得智。[8]

「空」這一宗教修養工夫，完全是沉潛內向的，它增益人的智慧和虛靈明覺，使心純淨清明，從而可以將人理性的心相續流行，這便是文化之相續。由印度的瑜伽行以證梵天（Brahman）或神秘世界，一方面確定超越的精神世界可以得到實證，一方面證明了人之自作主宰的可能。唐先生指出：當人們篤信一切超越的精神世界

---

[8] 唐君毅：《人文精神之重建》，頁 493。

可以通過人的行為而達致，其依據是一種致廣大而極平等的信念。

　　在論及心之虛靈明覺上，唐先生似乎更為讚許宋明儒者。他強調「儒家對於心之體認體會操存涵養，又不只是體認涵養此心之虛靈明覺」[9]，他認為中國儒家所謂操存、涵養體認之工夫，皆所以使理性不致淪為非理性、反理性者，天理流行可以超化非理性反理性者。唐先生在此處區分佛家與宋明儒者關於心之虛靈明覺的問題，佛家以「空」為性，而儒家所重乃是使心達致虛靈明覺的「仁」。「仁」之倡導，是孔孟以來的傳統，能夠超越雜念與私慾，讓心虛靈明覺可能的基礎。而積極的展露此心生生不已之性理，此一種仁德，是心的正面要求。此心是人所本有的，真正儒家的工夫便是涵養操存體認。此體認並非懸空體認，而在於感物而動的惻隱怵惕之心，也在於好善惡惡的良知意念之表現中。這裡所強調的，是「道德理性之相續的表現實現之如何可能」。這已經不是建立道德律的問題，而是如何不被習氣所間隔的問題。宋明儒者的主靜主敬涵養的工夫，一方面使道德理性的表現（天理流行）成為可能，一方面使反理性、非理性的想法不可能。這體現了「道德理性本身是內在超越的，是天之所命，現現成成，不容造作，非人力工夫所得而施。」[10]同時，雖然人天生有此道德理性，但是以理性主宰自己生活的力量仍是有限，所以在涵養操存此積極的工夫以外，猶須省察克制，遷善改過。

　　由上文可見，論及道德之善，唐先生所重在於心的虛靈明覺。而在佛家與儒家之中，他更著意儒家以「仁」為根本所展開的工夫

9　　唐君毅：《人文精神之重建》，頁499。
10　　唐君毅：《人文精神之重建》，頁501。

進路，盛讚涵養操存此仁德，使道德理性表現在天地之中，以此積極健動的生生之德進行道德實踐。

吳汝鈞：我認為他以人的虛靈明覺與人的活動成正比，人的虛靈明覺越強，就越影響人的行為動作。這種想法非常新鮮，我個人沒有聽過有人這樣比較。虛靈明覺是一種純粹的精神狀態，是純粹的精神表現，一切事物都是因緣而起，沒有常住的自性。因而對事物不執著。他的意思好像是心境越虛靈明覺，身體上的表現就會變得靈活而加強了動感。

余若瀾：唐先生的說法好像是針對心的虛靈明覺對理性的開展有所助益？

吳汝鈞：如果按照你的解釋，心的虛靈明覺和天理天命有相關之處，它一直往外開拓，就會通過智慧對外在世界有所作用。這樣是不是將儒家與佛教放在一起來說呢？儒家注重實在施為，佛教則多說緣起性空，緣生緣滅。佛家的空與虛靈明覺，是非實體主義，儒家的天命天道，道德理性，是真真實實的，是實體主義。佛教認為一切是虛妄，儒家多說實理實事。心的虛靈明覺在道家與佛教都能夠說，如道家靈臺明覺，佛家強調觀空的智慧，兩種可以相互關聯。儒家心的虛靈明覺，我認為是很新鮮的說法。儒家的天命天道是實事實理。佛教講緣起性空，沒有實體實理。這樣類比可以馬上有一個問題：儒家與虛靈明覺如何能相關聯呢？儒家似乎沒有虛靈明覺的概念或者不常說，這一方面沒有文獻理據。朱子論心講的是氣心，不是超越的道德理性。朱子以氣說心，不是以理說心。可是當心沒有超越維度（Dimension）時，就很難講虛靈明覺了。講虛

靈明覺就會是超越的，形而上的，屬於理方面的意味。在根本問題方面，儒家實體主義的種種觀念，天命天理，本心良知這種充實飽滿和心的虛靈明覺如果要拉上關係，會比較困難。這是兩種系統的不同立場。

張力云：老師我想問，我們可以了解心之虛靈在佛道相近。明覺是必然有的，明覺而又虛靈，動感會加強。關於這點，在非實體主義下應該如何理解？

吳汝鈞：非實體主義裡面的心是超越的、普遍的、動態的，我們沒有把心看成是實體。虛靈這個字眼，在宋明儒和荀子中都有提及，如荀子說虛一而靜。我們不宜把荀子拉進來。荀子比較靠近經驗主義，孟子比較靠近超越主義。所以在這個問題上，我們是從大方向來了解。實事是實，具有質體性、具體性、立體性，實體主義便是在這種脈絡下被建立起來。當我們講實體時，entity，再抽象一點entitative，還有 entitativeness，佛教不可以講，儒家可以講。創生出來的萬事萬物，這也和具體性、立體性相聯繫。有具體性、立體性和質體性，則動感會受影響。質體性對虛靈明覺的發揮會有阻礙，也會減弱實體的動感。質體性越強大，對虛靈明覺的負面影響會越強大，這就是實體主義帶來的理論困難。實事實理，不能一直實下去，要實到什麼程度呢？實性太強，就會有常住的性格，變化氣質便難說，眾生的教化轉化就會很難進行。教化是道德的，轉化是宗教的。新儒家好像沒有講這個問題。我的純粹力動現象學就很強調這點。

　　為何不可教化呢？不可教化就是實在性太強。這個就是問題，萬事萬物都分享天理的實在性，但是不可以沒有限制，否則會影響

活動性。如果實體性太強，就不能接受涵養操存，有病就不能看醫生，社會就會出現大問題。所以提醒大家，實事實理，有一個底線，再過了這個底線就沒有生機，道德涵養的修行就失去了功效，教化眾生的實在性太強就會成為一闡提，生活學習就無從做起。這是大問題，但是當代新儒家為何沒有說出來呢？

泛道德主義，很多學者已經提過。如果我們承認科學、藝術、宗教都有自己的領域，不能以道德加在上面。這裡就可以講，藝術、宗教、科學，都是各自獨立的學問。道德需要有一個限度，不然科學出不來，藝術宗教也出不來。道家沒有講道德，當代重要的哲學系統，也沒有非常強調道德的作用。比如胡塞爾和海德格的現象學。牟宗三先生批評海德格的存在沒有重視道德主體，沒有對道德有什麼獨特的說法。牟宗三以道德理性論述存在的根源。京都學派的西田幾多郎有一本成名作《善之研究》，不僅僅重視道德，很多方面的善都有涉及，他以絕對無來講這個善。同時也提出場所、純粹經驗、上帝、形而上的綜合力量和絕對矛盾的自我同一，等等不同的觀念，意義都是相近的。後設的倫理學是專門討論一般的道德的名相，道德的語言是什麼意義，比如說日常裡面，常常運用，應該（ought），人應該照著他的良心來行事，這是按照倫理學來行事，實踐的倫理學。他們提了那麼多道德的語言、道德的名相。一個後設的倫理學學者，只是進行語言分析，概念與概念的邏輯關係，該如何設立。後設倫理學不是倫理學，不是道德哲學。後設倫理學者自己就不克己復禮，但是他會探討一句話在日常語言內是什麼意義。

懷德海這個機體主義大哲學家也很少談道德的問題。所以哲學的發展具有階段性。新儒家提內聖外王，他們所從事的，和外王沒

有關係。內聖方面可以說道德的實踐活動，外王方面就很少關心。
現在沒有真正的哲學家了，外王的問題只是在學院裡講。

余若瀾：然後論述的是藝術之美。藝術在東西方有著極大的差異。
西洋藝術無論是建築、繪畫、音樂還是文學，大都以宗教為根本。如
德國音樂所表現的嚮往企慕之情，源於宗教性的讚美詩。希臘悲劇
皆是在宗教性的命運下的負面之情；浮士德精神則是對宗教性的無
限追求與懷疑。而後十八九世紀的藝術則宗教、科學二者並重。[11]

　中國的藝術在文化中有著極崇高的地位，並且藝術精神獨立於
宗教精神之外。中國藝術重於移情，其主客關係為「主觀與客觀之
和諧融攝關係」[12]，「藝術之精神為主觀之自覺，欣賞客觀之境
相，或求表現意境於客觀媒介如聲色文字之精神。」[13]此與道德精
神相近，而與科學精神、宗教精神（以主觀自覺，了解客觀）不
同。如此，在藝術精神中，「我」有著主客觀兩種性質。當作為被
支配的「我」時，為經驗的，主觀的，而為主宰的「我」時，則是
超越的、客觀的。是以在論其境界時，唐先生指出，雖藝術需要在
媒介上努力，但是更須達於純熟自然、「從心所欲不逾矩」、「得
於心而應於手」，物我相忘。如此則可化掉宗教、道德、科學、藝
術的界限，而將主觀與客觀相互連繫起來。

吳汝鈞：我幾乎每天都聽音樂，西方古典的音樂，特別是德國的。
德國音樂有好幾個階段，越早的音樂越有宗教性。早期的歌曲，如
經文歌（motet）講的是上帝的慈愛和讚頌。祈禱的典禮上也會演

---

[11] 唐君毅：《人文精神之重建》，頁95。
[12] 唐君毅：《人文精神之重建》，頁96。
[13] 同前注。

奏經文歌。宗教生活裡面常常有古典音樂，帶有宗教性，那是在巴
洛克年代稍微早一點，聽了以後會有很溫和的感覺，上帝在我們生
活裡面常常出現。再下來一個時期就是巴洛克，重要作家有巴赫、
韋瓦弟、韓德爾。貝多芬、海頓和莫札特是古典音樂階段。然後是
浪漫主義音樂階段，舒伯特、勃拉姆斯、舒曼。再下來的音樂都是
大氣磅礴，充滿了動感和曲折，有很多有名的作家，柴可夫斯基、
瓦格納、馬勒、布魯克納、李察史特勞斯。他們的音樂通常都很
長，時常超過一個鐘頭。柴可夫斯基有一組交響樂，有五首交響
樂，其中最有名的是《悲愴》。貝多芬有九大交響曲，第三是《英
雄交響樂》，第五是《命運交響樂》，第六是《田園交響樂》，第
九是最有名的，後面有合唱的，就是《歡樂頌》。我曾經和朋友爭
辯，貝多芬最棒的是哪首交響樂，我朋友說第九是最好的，我認為
《命運交響樂》最好。每一種交響樂都有主旋律，melody。接下來
的現代音樂我就不能欣賞了。現代音樂強調力、動感。我認為能夠
欣賞音樂是一個人的福氣，這個和宗教信仰一樣。這不是學來的，
是天生的。它是一種福氣，能夠將你引導到很和平的境界。現實上
我不是教徒，但是我非常欣賞幾個大的宗教。我也非常需要一個宗
教，但是找不到一個宗教能夠讓我完全信服它們的教義，所以我很
羨慕佛教徒和基督徒，我沒有這個福氣。我找不到這樣的宗教，就
自己弄一個宗教出來，那就是純粹力動現象學。純粹力動相當於其
他宗教裡的上帝和釋迦摩尼，有很強的動力和很高的境界，這不是
現實中有的，而是我自己打造出來的。你們有沒有聽過純粹力動現
象學呢？

眾同學：聽過但不懂。

吳汝鈞：我寫這種哲學，就是將其當作一種宗教來看。

楊婕妤：老師，純粹力動是不是與靜相對？

吳汝鈞：不是相對立，是以佛教的緣起性空、禪的無、京都學派的純粹經驗、場所，懷德海的機體和柏格森的生命力作參考，這是靜與動相結合的宗教哲學。其實西方人比東方人更有宗教意識，比我們更需要宗教信仰，他們認為宗教和科學是可以結合為一，二者不矛盾，宗教強調信仰，科學強調理性。在西方文化裡面，信仰和理性可以結合在一起，在日常生活裡面表現這樣一種信仰與科學的融合。西方很多傑出的科學家有很強的基督教信仰。他們每天上班，下班以後就去教堂祈禱，和上帝在一起。上帝同人們同在。他們認為上帝通過耶穌來到世界受盡苦難，被釘在十字架上。釘在十字架上是最痛苦的死刑，手腳釘在十字架上，血流乾了，就死了。如果有人問你什麼方式最痛苦，就是釘十字架。比較溫和的有上吊，吃安眠藥。上吊是最普遍的自殺方式，還有燒炭。

余若瀾：接下來論述科學之真，唐先生的討論是以當時科玄之爭的脈絡作為背景的。唐先生對科學是有所保留的，他認為科學的發達，致使人們忘記了其本來的人文世界，人們在物質世界作為科學的對象中，迷失了自己的道路。唐先生的態度是：尊重科學在文化中的地位，但是不以科學為文化中居最高之地位，亦不取一專門科學的理論以評價人文。他肯定科學研究之「真」的精神，認為無論是原本科學研究的自然（如天文物理），還是由此擴大到的心理科學、社會科學、文化科學，甚至人類一切文化表現（音樂、文學、宗教、道德），這種客觀的研究有其可取之處。在未有宗教熱忱、

道德好惡、情感喜怒時，科學家由冷靜獲得了一些真理。只是由此帶來的自然主義和物化的人生，令人無所適從。

由此，唐先生提出了他對科學的看法，即是：我們理想之世界，科學亦自必需發達。我們只反對以科學凌駕於一切人文之上。在我們理想的世界中，科學家可以有偉大的發明，但是他有更偉大的胸襟。……他不會以為能了解普遍抽象的理者，即是他之具體而特殊之身體之物，而將知道「能了解普遍抽象的理的」是心，他將能自證心之重要……而且在他不斷求真理之心之發展中，他是在不斷的求真理，亦即在把他的心變成了解更多真理之心……因為他不僅自覺他是科學家，而且自覺他是人。[14]

引文是本著人文世界中的道德論科學，盛讚廣大的胸襟這一品性。唐先生將人文世界置於科學之上，以人文世界的道德期待科學家。由此可見唐先生理想中的科學世界，是以人文指引科學，而人文活動之中是以道德這一精神活動為主。然而這除卻理想主義不容易實現以外，還有幾個可供討論的地方。首先，科學之求真，是否本身即可以是德性呢？「誠」所對應的真，是《中庸》的核心思想，更是儒家、佛家所提倡的。而唐先生所論的真理，雖有其客觀性和普遍性，但是唐先生卻一再強調認識真理時人們所具有的限制（如時空和主觀性）。其二，自然世界的真理與人文世界能否直接關聯？在儒家思想中，宇宙生化之理之春夏秋冬可與「元亨利貞」、仁義禮智等對舉，自然世界之理可和人的道德之理相應，在天理上達到一個統合，當今社會能否將二者統合而言呢？其三，唐先生在此處並未將真理之「真」向外推開，而是將真理歸於

14　唐君毅：《人文精神之重建》，頁 65。

「心」，將「心」向外推至周遍，如此他肯認的便不是「真」而是「心」了。那在科學的世界中，有什麼是寶貴的呢？

吳汝鈞：科學在我們中國人眼中好像和信仰不能相互結合，好像有一種信仰和理性的矛盾性格。科學是理性的，而宗教強調信仰。理性與信仰的思考方式相對反，不容易融合為一。西方有名的哲學家亞里士多德，是一個科學家，是一個哲學家，但是他也信仰上帝，理性與信仰並存。

饒俊：老師，是不是基督教可以和科學結合的地方比東方宗教多呢？

古捷安：老師能不能談談佛教吃素的問題。

吳汝鈞：東方宗教有很多禁忌，素食，不吃肉。如果這樣容易對健康有妨礙。所以伊斯蘭教吃素有階段性，印度人不吃牛肉，伊斯蘭教不吃豬肉，中國人什麼都吃。道德和科學都是生活中難以避免的因素，但是，道德和生活能否有不同的目標呢？我們講科學，通常從功利主義談科學的問題。我們談科學有沒有價值，有沒有真假的分法。在價值哲學的觀點下，科學與價值不是那麼容易合在一起。我們需要科學的知識，否則早就被動物傷害，消滅。我們需要科學知識來面對自然災害，在這個脈絡下還是要尊重科學。有了科學才能讓人在世界中生存下去，而不被自然災害與動物所侵犯。我們還能通過科學知識做出總總設備，應付自然災害，對於地震、海嘯，科學是必需的。

可是科學與人文還是有總別的分法，比如說人文是人類發展的大目標，如果只是追求人文，將科學排斥了，就會面臨很多問題。

所以科學和人文之間還應是可以交集，有限度的交集，比如科學，物理學，我們研究事物的構成，所謂原子，分子，電子，粒子種種不同的單位。我們在這個脈絡中談物理學，還是要以人文精神駕馭科學知識，不能完全沒有控制，讓科學自然發展。不要讓科學家以原子的知識做原子彈，在戰爭中處於有利的地位，為野心政治家所利用。實際上科學知識可以摧毀人的文化、人文價值。我們應該以人文文化為主導，讓科學為人所運用。

我們來提一個很切近的問題，我們研究科學的學問，科學之真是否需要一種控制，不能使之傷害到人文。我們對科學之真需要有警覺。在這裡我們可以做一個總的結論。道德之善，藝術之美，都是有益於人的精神生活，但是科學之真就不一樣了，科學是一種工具。我們對於這三者要有不同的處理態度。比如地震，我們要採取什麼樣的眼光來看地震，我們可以不斷深化廣化，對地震有警覺性，發展出一種知識來了解地震。我們盡量在地震這一種自然現象中努力，地震的發生是基於哪方面的因素？我們就能夠避免地震，比如說，大遷移。如此而言，科學自身是不可代替的學問。如果從此探討科學人文的關係，就可以討論科學在何種情況下對人文有好處，如此科學和人文還是可以結合在一起。如果希特勒搶先造出核武器，對人文價值會有如何負面的影響呢？核能是中性的，可以發電，也可以變成武器讓無數人受到傷害。有一種統計，1945 年，美國不能控制日本，讓東條英機等人控著核武器，日本會投向哪裡呢？道德藝術宗教，很少人提防，認為發展了就會有快樂幸福。但是科學知識就不是了，會對人文世界帶來非常嚴重的災難。所以我們可以構成一種共識，科學知識要在人文控制之下，不可漫無限度地開展。

　　所以唐先生還是展示了他儒家的基本立場。唐先生以謙卑為真正的宗教精神，可能會引來不同的聲音。我們可以提一個問題，宗教如果對人文的主導性，如果只是從謙卑而言，會不會太過消極，而展示退讓呢？基督教真的是這樣嗎？宗教和謙卑的緊密關係，是不是只限於謙卑？不見得如此，耶穌替世人贖罪，能不能用謙卑二字概括呢。

張力云：我也是從謙卑來理解的，基督教認識到自己的不足，認為自己有原罪。老師如何解釋耶穌代眾受苦呢？

吳汝鈞：我比較從神愛世人來理解。神因為是神，所以不能直接幫助世人，所以讓自己的兒子擔任媒介的作用。耶穌有人的身體，又有神的根源，道成肉身。我覺得唐先生對宗教的解釋還不夠。

余若瀾：老師的說法是不是比較像是由上對下的呢？上帝幫助世人，使之能夠向上。而謙卑是由下對上的，因為耶穌救世人，世人卻不願意被救，所以被釘在十字架上。老師是否認為應該上下皆有呢？

吳汝鈞：這令人想到淨土宗，淨土宗有兩個導向。上帝是主動的態度，派遣耶穌，幫助世人。宗教精神需要兼談上帝的精神和信徒的精神。我這點與唐君毅不一樣，在《生命存在與心靈境界》中，唐君毅對儒，釋，耶進行了一個判析。唐先生認為基督教歸向一神，這一個神就是耶和華。所以他在這裡說基督教是往上，歸向一神，歸向上帝。這當然有謙卑在裡面，不過這是不是就能夠代表基督教的精神呢？基督教會有何回應呢？佛教是上求菩提，下化眾生，是兩向。所以圓滿的做法是兩向的，我們對神，神對我們也有回應。

所以在判教時以歸向一神為基督教，就忽略了耶穌道成肉身，救災救難，上十字架，以寶血救贖世間之人的面向，使人從原罪中釋放出來。

余若瀾：以下為結論：唐先生將道德理性作為文化活動的根本，在論述宗教、道德、藝術、科學時皆力求以一種超越的方式進行提升。在論宗教時以「謙卑」為真的宗教精神，論道德以「仁」為根本，論藝術強調「物我相忘」，論科學則重求真之「心」。這呈現了唐先生的論述特性和理論淵源。正如其自述：「論文化，直承船山之重氣，其論心與性理，依於朱子與陽明，從根本觀點上看，此論源於中國儒家思想。」而他以道德為文化的中心，亦承康德。[15]康德細述純粹理性，也強調實踐理性，兩者分別處理知識問題和道德問題。

---

[15] 注重自覺的道德意志或自覺的道德理想或所謂目的世界之建立，但是唐先生亦注重在實現文化理想時的不自覺或超自覺的表現，即人超越其現實的自然心理性向、自然本能，而表現道德理性。參見《文化意識與道德理性》，〈自序二〉，頁6。

第四章　從《中國文化之精神價值》看中國文化與人文精神──兼談當代中國之文化傳承

饒俊、吳汝鈞

吳汝鈞：唐先生過世時，是 1978 年 2 月 2 日，當時我在德國留學，我看朋友寄來的資料，我先看社論，以一個專欄來講唐君毅，這很少見，很少以一個人物為中心來講他。說了很多點，最後作一個總結。社論說：「唐君毅先生的學術與為人，及他所參與的中國文化活動，全都是中國文化裡面的精華。」這個評語很不簡單，中國文化裡面的價值，全都在唐先生的一生學術、為人，這可從他參與的種種不同的活動之中看到。光是這幾點，就代表唐先生的人格價值，這個評價是很高的。那個時候《明報》的社論都是主編寫的，也就是金庸（查良鏞）。金庸此人很不簡單，一生寫了很多小說之外，很多方面都很在行，尤其是經濟方面。他去世時享年九十四歲。

唐先生有一種魅力，這個魅力有什麼影響呢？這對於我們一般人有什麼印象呢？我一直覺得他沒有死。他活在我的心中，他一直

都生活著，他沒有過世。這種感覺整整有十年之久。他過世的消息於我而言是假的，不是真的。十年之後，我才承認他真的死了。他就是這麼一個人，所以金庸寫他的社論，把他看成是代表中國文化最優秀的一個人，最優秀的部分，都展示在他的人格和學術中，這是他一生給我的最後印象。這個印象就是他死後十年才覺得他死了，我只有在母親去世時才有這種感覺。我們今天要討論的這本《中國文化與精神價值》是他早年的著作，是早年與壯年交際之間，挺重要的一本書。

唐君毅此人，哲學味很重，較少針對具體的問題予以回應。倘若你向他提一個問題，他有時不能針對焦點予以回答，你問他屈原，他會扯到杜甫。你要向他提具體問題，他總是不直截了當地回答。但是他能回答你有關聯的內容。所以你去問他什麼問題，他不會給你直接的答案，而是講其他有關的事情。但是這個其他的事情，還是非常有用的，有價值的。雖然對於你的問題沒有得到正面回應，你還是會覺得有所得，學到知識。所以不管是你有問題還是建議，他總是跟你的問題不是很相應，但你依舊會有所得，值得。這是他給我的一個總的印象。另外，我見唐先生，他的容貌總是很痛苦的，笑容很少。即便也笑，但笑得不自然。他心裡總是掛寄在一些問題：哲學的、文化的。他真能展示出如徐復觀所說的憂患意識。憂患甚麼呢？擔心中國文化的失墜也，道德精神的消亡也。

饒俊：通讀唐君毅先生《中國文化之精神價值》一書，深感唐先生身為當代儒家之代表人物，對於中國文化與人文精神的深度思考，化繁為簡，提出自己的真知灼見，或梳理中華文化與思想之脈絡，

或針砭時弊，指出中國文化與精神價值跟西方文化相比之不足。我
可以毫不誇張地說此書的內容乃近代哲人思考之集大成者，尤其為
中國文化的未來與發展提供方向，對於今人亦有極大的觸動和啟
發。

　　本文擬對唐先生之著作進行歸納總結，將該書之要旨，視為對
中國文化之宗教、哲學、道德、文學、藝術、科學、政治七種文化
活動來分析中國文化的精神價值，並透過與西方文化的對比，指出
中國文化與人文精神的獨特之處：

> 余以中國文化精神之神髓，惟在充量地依內在於人之仁心，
> 以超越地涵蓋自然與人生，並普遍化此仁心，以觀自然與人
> 生，兼實現之於自然與人生而成人文。此仁心即天心也。[1]

吳汝鈞：這裡我們可以提一個問題：唐先生的學問、人文與性格總
是分不開的。而他所謂的人文，到底指哪一方面呢？人文如果跟動
物相比，就可以分清楚，人在哪一方面，強於動物；也可以是人在
哪一些方面，弱於種種動物，對於這種分別，大家都知道得很清
楚。

　　所以他講這個人文，不是在人作為一種動物，跟其他的動物有
什麼不一樣，來顯它的人文的價值。在他看來，人文當然是有普世
價值，但對於唐先生而言，僅僅如此說是不夠的，因為不夠具體。
他通常講的人文，焦點是在宗教方面。他心目中常常有一種想法，

---

[1]　唐君毅：〈自序（述本書緣起）〉，《中國文化之精神價值》（南京：江
蘇教育出版社，2006 年），頁 6。

就是我們生而為人，我們跟其他動物有什麼區別？特別是我們人講這個人性，這跟其他動物當然有分別。但他所重視的就是人文這方面在宗教上跟西方的一神教的超越性的看法，有一個很明顯的對比；他講文化，是將整個文化放在人文精神方面來講。

所以唐先生強調的是人性，不是上帝那種超越性。他常常把超越跟內在，放在宗教與人文來講。所謂超越與內在，是指有一種超越動物的限度，來顯現文化的另外一種性格。而這個性格體現在哪一方面呢？除了有超越的本質，還有內在的本質。所以在他心中，有一種精神是超越人的普遍性，有無限的普世價值。所以有人問你，什麼是人文？什麼是 humanity？在儒家就是超越與內在。超越環境的因果的關係，是很明顯的。超越包括動物在內的一切價值，這些價值又內在於我們人類中。

可人就是在這裡不一樣，什麼是不一樣呢？就是說，他認為人在孔夫子心目中，就是我們人一方面當然是有超越性，超越其他動物，超越於基督教的流行的對於神的那種，神對於萬事萬物的超越性。另外還有內在性，人的這種超越性，常常還有內在性在裡面。超越是超越一切條件的限制，這在基督教看來是不可能的。有超越的性格，另外也有內在性，所謂的內在性，就是我們人是可行的，做得到的。既有超越性也有內在性，即人文。

超越可以說是對現象的超越性，而內在則是現象界事物的內在性，這種超越是可以顯現在我們人的心性裡面。從我們儒家來講，超越性就是內在性。超越性在生命裡面表現出來。所以在儒家來看，超越與內在是結合在一起而不分的。這一點跟基督教很不一樣。基督教要不就是專門講超越性，這超越性是人所不具有的，只有上帝才有。在其他的宗教裡面，我們看不出超越與內在結合在一

起的情形，最明顯的就是基督教。從基督教來看，我們以人的身
分，跟上帝的這種超越性格，在基督教裡面是有距離的。在其他宗
教來說，人只能說內在性，就是指經驗方面的性格。什麼是經驗的
性格呢？那就是絕對性的反方面的。唐君毅講儒家、佛教、基督教
這三個大教派，儒家跟其他兩個宗教主要的區別，很明顯，儒家是
同時兼有超越性與內在性的。佛教的主流，從印度發展出來的佛教
思想，超越跟內在這兩種性格不是很明顯。只有在中國的佛教，超
越跟內在是聯繫在一起的。基督教則只有超越性，沒有內在性，所
以上帝跟人間永遠是分開的，即我們普通人所具有的這種人性，不
可能具有神性，神性只存在於上帝身上，不可能在人身上實現。所
以上帝只有超越性，沒有內在性，而人卻可以兩者兼得。人不可以
跟神直接溝通，神不具有人性。上帝的神性只有超越性，不能講內
在性。所以才能說耶穌只能以三位一體存在於人世。《聖經》如是
說，上帝讓他的兒子耶穌道成肉身。上帝不是兩者兼有，神性不是
人性，人性也不是神性，這兩者區分得很清楚，需要一個橋梁進行
溝通。因此上帝派出耶穌，讓他具有人的身體、神的靈魂，通過耶
穌將神的思想傳達給人，介紹出去。

　　有人會提出一個問題：上帝會不會死？人的歸宿到最後都一
樣，歸於死亡。那上帝會不會死呢？上帝不死？那祂的生死，是通
過教皇來體現，一個教皇死了，會擁立新的教皇。所以教皇有死，
但神沒有死，耶穌更沒有死。他有永恆性與超越性，他是沒有生死
分別的。

　　這可以跟我自己的經驗結合在一起，那時候我在歐洲，有一次
我作長途旅行，從德國到奧地利，再到義大利。義大利我集中在威
尼斯、佛羅倫斯、梵蒂岡、羅馬四個地方。我到了梵蒂岡，它跟外

面差不多，跟羅馬有一條通道，很寬闊的一條馬路，在羅馬的中心地帶，可以沿著中心路步行十五分鐘便到梵蒂岡。

我看到很多人排成長龍，從羅馬街市的中心地帶有一個入口到梵蒂岡。我那個時候存有香港人的心理，看到那麼多人排隊，也不管排隊能否得到東西，就跟著一起排，排了三個小時。到了中途我才想，那些人究竟為什麼排隊呢？我就一直排下去，直到靠近梵蒂岡大教堂，也就是聖彼得大教堂時，才知道原來是教皇歸天，人們要瞻仰教皇遺容。那個時候是教皇保祿六世。本來我對教皇沒有興趣，大有入寶山空手而歸的感覺，不過既然都已經排了多時，就繼續排了。

教皇是宗教組織裡面權位最高的，除了耶穌，就是教皇了，是可以跟上帝溝通的。所以最近看到報紙說大陸跟梵蒂岡開始建交，就必然會討論到如何處理臺灣問題。臺灣一直有國際間的領事問題，從結果我們可以看到，最後還是把臺灣犧牲掉，梵蒂岡選擇了跟大陸建交。

饒俊：現在回歸到人文問題。唐先生的全部著作，皆是從這一核心論點出發去探討中國文化的各個面相，唐先生又借《中庸》之言總結為：「君子尊德性而道問學，致廣大而盡精微，極高明而道中庸，溫故而知新，敦厚以崇禮。」[2]

為何中國文化與人文精神有積極的成效呢？唐先生在論中西文化形成之外緣上，指出中國文化之來源為一元，即皆以孔孟之儒道而貫穿整個中國史；此亦回答了緣何四大文明古國中，為何獨有中國文化得以傳承至今，而其他三大文明古國早已相繼消失在歷史的

2　轉引自唐君毅：《中國文化之精神價值》，頁7。

長河之中。唐氏精準地點出了中國文化與人文精神舉世無二的價值。

吳汝鈞：雖然現在幾個文化系統，都有其存在，但是都沒有連續的關聯。比如說今天的埃及人，就不是以前的埃及人，而是阿拉伯人。巴比倫人早已湮滅。唯有中國文化和中國人保持了原來的樣子。比如說現在的廣東人，跟以前的廣東人一脈相承。現在的臺灣人，由大陸走過來的人，還是有中華民族的血統。所以有人就提出，中國文化可以經過兩個周期，現在進入第三個周期，最先的周期是先秦時代，第二個是宋明時代，現在第三個周期正在開始的階段。這種說法脫胎於史賓格勒《西方的沒落》一書中。裡面有這麼一種講法，說每一個文化的系統，只能有一個周期。到了民國，有些學者就提出，中國文化不只有一個周期，而是經歷了兩個周期，現在是第三個周期。因此中國文化跟其他文化不一樣，其他文化都消失了，只有中國經歷兩個周期後能進入第三個周期。那按照他的推論，中國現在就真的是崛起了，成為第二個強權的國家，經濟大好，文化處於領導的地位。這從現實的歷史來看，我們好像也看到一些蛛絲馬跡，中國在世界地位越來越高，影響越來越大，漢語在世界越來越流行，有人說十九世紀是英國的世界，二十世紀是美國的世紀，那接下來就應該是中國的世紀了。看來這種講法也不是沒有根據。現在是二十一世紀，過往一個世紀是二十世紀，的確是美國的世紀。所以中國的孔子書院，在世界越來越多，中文也越來越流行。那我們就有理由相信，將來英文將由中文取代其地位。但是在二十年前，可能會被人罵是做夢，但是現在，也許可能成為真實。

饒俊：中國無論是在戰爭還是商業交流過程中都未曾迷失「自我」之文化。唐先生又睿智的解析以農業為基礎的中國文化與人文精神，不似西方之戰爭求勝利後的掠奪，商業重以小利易大利，中國求的是安定和平，求的是互惠互利，謀求之發展是依一元中心的精神自內而外，於和平中得以慢慢發展。

　　因而，中國雖與其他國家一樣，曾經歷過內亂，亦經歷過他國侵略，但始終能將自己的文化傳承下去，正是由於一元性文化與人文精神具有高度的穩定性。以農業為基礎形成的文化與人文精神以和平為訴求之特性，以「和而不同」、「兼容並蓄」的寬廣胸襟，不斷融合他人之文化，補自身之不足。

吳汝鈞：此說法與溫元凱、方勵之、李澤厚與金觀濤等人提出的觀點一致，他們的言論在大陸有很多人感到濃厚的興趣，根據我跟臺灣學生書局的聯繫，現在中國大陸最熱的學問，是當代新儒家，在出版物中占有重要席位。在當代新儒家中，又以牟宗三為重，所以大陸有很多牟宗三的專著出版。

饒俊：吾以為，唐先生概括出的這兩點，是中國文化與人文精神中最核心的兩個特性，具體則表現在中國數千年之宗教、哲學、文學、藝術、科學（自然觀）、政治、道德七種文化活動中。

一、中國文化與人文精神之一元性

　　與西方文化之來源為多元不同的是，唐先生指出中國文化與人文精神在發端上是一元性的，「即西方文化之形成為多元，其所歷之文化衝突多，而中國文化之形成，幾可謂一元，其所歷之文化衝

突少。」[3]

　　而一元的「一」，即是以孔孟為尊的儒家思想與文化。至於為
何以儒家文化為核心的中國文化能保持一元，清儒焦循在其《論語
通釋》中有言：

> 孔子以「一貫」授予曾子。曾子云：「忠恕而已矣。」然則
> 一貫者，忠恕也。[4]

又言：

> 惟聖人之道至大，其言曰「一以貫之」，又曰「焉不學，無
> 常師」，又曰「無可無不可」，又曰「無意、無必、無固、
> 無我」，異端反是。[5]

從上述之言的「一貫」，在筆者看來有兩層意思，一層是兼容並
蓄，一層是一脈相承。此與唐先生言中國文化之來源，儘管經歷過
各朝各代、各地、各民族文化思想之碰撞，然孔孟之道都以寬廣的
胸懷將各種文化融於自身的體系中，正所謂萬變不離其宗，此宗即
是儒家之學。

　　誠如唐先生所言，即便佛學的傳入，亦是「非如中國人之過去

---

[3] 唐君毅：〈第一章 中西文化精神形成之外緣〉，《中國文化之精神價
值》，頁1。

[4] 焦循：〈論語通釋〉，《焦循全集・卷五》（揚州：廣陵書社，2006
年），頁2475。

[5] 焦循：〈論語通釋〉，《焦循全集・卷五》，頁2477。

接受印度文化，純出內心之嚮往要求，而易如水乳交融也」。是以
清儒戴震更「石破天驚」的在其《孟子字義疏證》中言中國佛道皆
源於儒家之說。此觀點雖極端，但從一側面可以印證孔孟之學能集
百家之長而保持自身之「一元」，不斷充實、飽滿自身之學的特
性。

　　由此而論，孔子所倡之「一貫忠恕」，確保了中國文化與人文
精神之一元。一元屬性使得中國文化與人文精神得以一脈相承，反
應在宗教上則是「儒家骨髓，實惟是上所謂『融宗教於人文，合天
人之道而知其同為仁道，乃以人成天，而使人知人可同於天德，人
性即天命，而皆知善，於人之仁心與善性，見天心神性之所存，人
至誠而皆可成聖如神如帝』之人文宗教也」[6]；反映在道德理性、
文學藝術上則是「故孔子以後中國之學術文化，無論如何發展，而
在人格之典型上，文化之窮極理想上，皆不能不歸宗孔子。」[7]

　　或許會有人質疑中國文化的「一元」論，一種觀點認為以蒙古
族為首的元朝，以滿族為首的清朝，皆已非中原漢人之中國。然實
際上卻是：即便是元朝，其國家的根本體制，文化傳統仍是漢文
化。元曲之盛，莫不是繼承前代之文化。清朝就更不用說了，清朝
廷十分重視漢學，是以儒家之訓詁學在清代達到頂峰，尤其是對儒
家經典之整理彙編如《四庫全書》、《通志堂經典》等，前所未有。

　　還有一種觀點說中國文化在近代西學東漸的過程中已經被沖蕩
得支離破碎，尤其是五四新文化運動興起的「打倒孔家店」，後中

---

[6]　唐君毅：〈第一章　中國哲學之原始精神〉，《中國文化之精神價值》，
　　頁38。

[7]　唐君毅：〈第一章　中國哲學之原始精神〉，《中國文化之精神價值》，
　　頁39。

國大陸又經歷十年文革之浩劫，中國傳統文化早已失去其「宗」。

　　然而，我卻認為此分裂與中國古代魏晉南北朝之亂、五胡亂華、元清入主中原之變並無二致，我們仍舊可以歸納出中國文化與人文精神，實則是一分為三，即大陸、香港和臺灣。

　　不可否認的是，兩岸三地無論何時以何種政治體制為統，恆為不變的是在文化傳承上的認同，尤其是對儒家文化的認同，皆是不可爭辯的事實。因為在現實生活方面，無論是學習西方民主政治為體的臺灣，還是以馬列主義為旨的中國大陸，以儒家文化為本的中國傳統文化早已根深蒂固在每一個華人的血液之中，非是政治體制之變所能轉移。這一點在國家的政策，人民生活之習慣，文學藝術之表現，無不可以尋到對承孔孟之道的繼承。如當代兩岸三地根深蒂固之家庭關係中追求父慈子孝、兄友弟恭亦是憑據；大陸和臺灣都在主張弘揚傳統文化，認祖歸宗，重時令節氣等文化活動，無不是對傳統儒家文化的揚褒。

　　尤其是在大家最為敏感的政治活動上其實亦有表現，最具代表性的當屬前總理溫家寶，他在論及自己執政的風格時引用的是林則徐的「苟利國家生死以，豈因禍福避趨之」；在論及中國當前面臨的憂患意識時引用《左傳》中的「居安思危，思則有備，有備無患」。在論及試圖阻礙兩岸「三通」的政客時則引用了《孟子·公孫丑章句下》中的「得道者多助，失道者寡助」。論及嚴峻的反腐問題時更引用《荀子·哀公》中的「水能載舟，亦能覆舟」。無不印證著當代中國執政者對傳統儒家思想之傳承。

　　或許還有人會質疑說，當代中國是因為學習西方之先進科學、技術，才讓中國得以成為世界第二大經濟體，這不就是以西方文化為主導而根本不需要中國以儒為尊之傳統文化與人文精神了嗎？

吾以為非也。我們可以看看當代中國在經濟上得以發展後在重點提倡什麼？答案是共建社會主義和諧社會與文化走出去。和諧社會之說源於孔孟之道自不必說，其提倡的「兼容共生」、「結構合理」、「行為規範」、「民主法治」、「公平正義」、「誠信友愛」、「和諧相處」等要點，皆可從儒家的思想與文化中找到對應之論。

而文化走出去，我們有什麼文化能走出去，什麼文化能代表中國，什麼文化獨屬於中國呢？毋庸置疑：正是孔孟為尊的儒家思想與文化。儒家人格世界中豪傑俠義、氣節、聖賢，皆是一足證。因而，西方人喜歡中國之武術，敬佩中國人之勤勞，喜歡中國之家庭關係，尤其是取材於中國元素的美國動畫電影《功夫熊貓》和《花木蘭》在世界範圍內的大熱，無不是對中國傳統文化之認可。

綜上所述，即便是在當代中國，中國文化恆是保持著以儒為尊之文化一元性，且此「一元」，正在不斷充實、發展、飽滿發展。

吳汝鈞：第一點：在政治上提到中國歷史曾受到漢族之外的族群統治，最明顯的五胡亂華，以蒙古族為主的元朝，滿族的清代，這幾代在政治上，當然漢族失去了統治權，被匈奴和蒙古、滿族統治，他們（漢族）在外族的統治裡面，那就是政治上的統治，可沒有影響到文化本身。這不是文化上的統治麼？在清朝，在元朝，中國文化一直能流傳下去，只是在一般的社會這方面，漢族裡面的文化，很多項目都給降級，比如蒙古人統治的元朝，就把知識分子貶得很低，這種分別怎麼能夠講出來，成為可以接受的解析呢？中國文化從來沒有消亡過，只是在政治上，在外族的統治，失去了施行統治的權利，在文化上，中國還是流行儒家、佛教、道家這幾種大的哲

學教派，這個問題我想相當復雜。例如如何去了解政治上的統治，
與文化的傳承，如何去區別紛亂？政治與文化真的可以分開來嗎？
比如剛剛提的那些朝代，當時好像流行的還是漢族的風格，這樣真
的很清楚的分開來嗎？合在一起沒有影響到中國文化的地位、主
導，在文化這個範圍，中國文化沒有被外族所代替，一直維持著原
來的三家思想，一起流傳下來，不受政府世代的交替所影響。在中
國歷史上，政治跟文化是分開的，跟日本不一樣。天皇代表政治這
方面，文化這方面就是不同的政黨上來主理日本種種事務，他們還
是政教合一，天皇還是有崇高的地位。時至今日，日本人相信天皇
跟我們原來的人類很不一樣，強調原來的天照大禦神。在日本古
代，還流行這種說法，天皇是由天照大禦神開拓出來，是太陽神的
一部分，代表他們在地球的統治地位。

　　唐先生沒有提到中國文化統治地位。五胡亂華在北方改朝換
代，在政治上明顯漢族受到其他民族的統治，但只在政治上統治中
國，在文化上無法取代漢文化，甚至影響到佛釋儒的思想地位。不
像日本政教合一的統治方式，中國是分開的，而且分得很清楚。

　　我的看法是這幾個朝代裡面，漢族的人民，是由其他民族統
治，可是在文化這方面，表面上是他們本來有自己的宗教，但是地
位與層次很低，不足以跟中國儒、佛、道相比，所以他們在文化
上，還是要跟漢族，跟著他們的腳步走。

　　那我們近代、現代都受西方世界的影響，西方文化的實體，是
有他的實力在裡面，他們能夠獨立自主在他們的民族系統裡面流
行，中國一下子不能把他們排拒下來，反而受他們的影響。所以這
涉及到我們現在所說的現代化。現代化跟西化的分別是什麼？

饒俊：這裡的西化是指文化上的影響，而現代化是指科學技術上有所發展。

吳汝鈞：西化是凡是西方文化所到之處，皆全盤接受，與儒家相反。而現代化則是辯證的，不僅僅是指科學技術這方面，還有政治體制，專制與自由民主，這是中國一直沒有能夠好好的建立起來。這點跟那幾個學者的《中國文化的宣言》，也提到現代化與西化的問題，西化的意思是非常清楚的：吸收西方比我們更強的項目——科學與科技。在文化方面我們就偏向現代化，這方面來說，就是政治現代化、民主現代化，這是第五個現代化。思想的現代化，政黨的現代化，這些方面，中國大陸一向都沒有做好。反而臺灣這邊開了一個先河，在科技現代化以外，還有政黨輪替這方面，這是很不容易的。雖然他們每天都在吵架，從蔣經國以後都一直施行。國民黨和民進黨一直在輪替，但大陸沒有，這都是政治的架構問題，政治架構還沒有轉變，只是人的轉變。所以我們常常談到現代化，其實我們所能夠吸收的，表現中國人特色，就是西化，現代化還不能有這方面的成果。共產黨統治中國，這 70 年一直都是共產黨專政。雖然毛澤東提出民主專政的政策，可是他所說的民主，是指在無產階級的範圍裡面講民主，在無產階級以外的民主，沒有被包括在裡面。所以魏京生提出，在四個現代化之外，還有第五個現代化。科學、軍事、技術、農業的現代化，沒有涉及政治與民主的現代化。魏京生指出中國應該有第五個現代化，只有農業現代化沒有用，城市的現代化沒有用，他們講的現代化還是限於無產階級，特別是工人階級。共產黨這一個大黨裡面，有所謂的人民民主專政，在這種民主行駛下，進行專政。魏京生被流放國外，還有王丹，很

明顯的例子。唐先生論中國文化的價值，他講的文化價值，是指儒家所領導下的中國文化。他說中國文化，一直都能夠保留內部的生活方式，文化的融合精神，雖然在政治被漢族以外的族統治，但在文化生活上，還是原來的那種情狀。

所以講到中國文化時，唐君毅是以漢族文化為主的，元朝與清朝影響的不是儒家，而是佛教。

當代中國，還是非常重視儒家文化。其中的主流是如何以馬哲為基礎，將中國文化結合其中，建設中國特色社會主義。還在強調這一點，以馬哲為帶動的前提下，建立中國文化。

二、中國文化與人文精神之和平

吳汝鈞：今天起床很急逼，我們常常被時間所束縛。時間是什麼東西？自己也說不出來。但如果跟時間賽跑，那必輸無疑。

這讓我想起自己曾寫的一首不成氣候的打油詩：「背著破爛的布袋，乘著輕快的步履，只知什麼是天涯，不知什麼是鄉愁，路途遙遠難窮盡，多少寒窗記不清。夢裡老母依稀淚，舊時游伴煙雲飄。哼起古老的山歌，想起池塘的水牛，有無兩邊心無著，才知什麼是鄉愁。鄉愁鄉愁啊鄉愁，老是讓我添惆悵。」這裡所說的鄉，自然是故鄉之鄉，但也可以推導出中國文化之鄉。鄉愁來自對中國文化的緬懷。

饒俊：唐先生指出中國文化與人文精神之一元性後，又指出中國歷代重農業之實體，進而使得在此基礎上形成的文化精神是以「和平」為訴求和導向的。

　　唐先生指出，「中國人經濟生活之所託命，實在農業而非商業」[8]。「中國古代之最大商業，乃內地之商業，而初非海外之商業」[9]，是以鄭和下西洋，在當時貿易逆差的情況下仍舊不以獲利為主而七下西洋，歷史上對於這一次航海的評價是中國古代規模最大，船隻和海員最多，時間最長的一次海外航行活動，且是 15 世紀末歐洲地理大發現前歷史上規模最大的一系列海上探險。

　　我們可以作一假設，如果鄭和的出海目的與歐洲航海之目的一樣，那中國的版圖是否會比現在還大，會不會進而改變整個世界的政治版圖呢？但歷史從來都沒有假設，鄭和下西洋無論是「尋找建文帝」說還是「耀國威」說，今人能看到的是鄭和下西洋在現代意義重在文化上的交流。

> 農業之生活，則使人傾向於內向，重盡己力，求人我各安其居，互不相犯之愿濃；其精神之向上，則易為向一有內在性而周行地面之神致其崇敬；而對環境中之人物，易有悠久之情誼；倫理之念篤，藝術之審美心強，皆促成上所謂超敵對性質廣大之精神之實現者也。[10]

吳汝鈞：鄭和下西洋，三寶太監，太監中官職最高的，反映出明代的富貴繁華，對人文訴求都是史無前例的。像元朝，成吉思汗只識

8　唐君毅：〈第一章　中國哲學之原始精神〉，《中國文化之精神價值》，頁9。

9　同上。

10　唐君毅：〈第一章　中國哲學之原始精神〉，《中國文化之精神價值》，頁 10-11。

彎弓射大鵰,在歐洲人看來,是大災大難。從形勢來講,幾乎整個
亞洲,都握在他手裡。所以有人說,成吉思汗的軍功,只有亞歷山
大才能比得上。我就想,他比亞歷山大還要強,還要盛。他征服那
麼多的地方,都是靠武力,都是馬上的功夫。可他怎麼樣繼續行駛
自己的行政,種種思想制度,蒙古人的思想。但無法在馬上治理天
下。我看武俠小說,有一段小歷史,成吉思汗對英雄這個概念非常
重視。其實他就是要做英雄中的英雄。很奇怪,你看成吉思汗的武
功那麼高,半個世界都屬於他的,他還是沒有滿足感,要繼續開拓
疆土。那他遠征另外一個地方,他用軍力、火力去攻占人家的城
池,作為他的屬土。永遠不滿足。有一次他請了一個道教隱士丘處
機,希望丘處機回應他一些問題。這些問題全都是英雄、武功、威
風這方面的。他還講得洋洋得意,以為真的很了不起,可他沒有想
到,他會死亡。他一死亡,富有四方的規模就會繼續下去嗎?他希
望丘處機對他的武功作一些評價,讓人家仰慕一下,可丘處機完全
不是從這一點來想,他說:「大汗,你的武功真可說是天下無雙,
可大汗有沒有想過,你現在所擁有這麼多土地,可你百年後,你能
占用多少空間啊?也不過跟普通人一樣,一口棺材的體積。」成吉
思汗馬上收了他意氣風發的感覺,想到人到了最後,還是要走的。
他英雄一世,不能永遠繼續下去。然後他爭取那麼多土地,其中要
經過多少戰爭,死傷多少老百姓。最後他的所得只有一兩坪的空
間,他跨越歐亞,又有何用?他走後,子孫守得住還好,守不住便
是白費功夫。成吉思汗聽完之後,一點表示都沒有,成吉思汗從志
氣滿盈的狀態變成了個人生死之唏噓:他要當英雄,三二十年,他
一直可以維持英雄地位,但百年以後,能擁有多少地方,問倒了成
吉思汗。因為他只顧身前,沒有注意到身後的問題。身前身後是連

在一起的。我想丘處機作為一個出家人，一個道士，當然是反對戰爭，反對殘殺，不想很多很多人因此而死亡。花了很多時間把那些地方拿下來，成為霸主。但他又能成為多久的霸主呢？大汗高居英雄之位能有多少年呢？成吉思汗一點表情也沒有。這對成吉思汗可謂是錐心之痛。好在成吉思汗有度量，沒有殺死丘處機，還送了許多黃金銀兩給他。但丘處機拒絕了，說這不是我想要的東西，讓他將這些銀兩送給那些流血的戰士吧。但成吉思汗還是堅持相贈。成吉思汗去世，英雄二字一直被反復提及，似乎只有成吉思汗才能配得起這兩個字。那時的中國如此強盛，沒有想到不到一百年，就被朱元璋打倒繼承了天下。到最後元朝只是中華民族五族之一而已。此中還有回族、滿族、漢族、藏族。所以丘處機的講法很簡單，一個人能在馬上得到天下，能長久嗎？能夠在馬上治理天下嗎？讓成吉思汗無言可應。

這其實是一個很現實的問題，他生前能有千千萬萬的疆土，但死後所有也不過一口棺材的空間。成吉思汗對道士非常尊敬。蒙古人統治中國，把當時很多民族分為十種級別。比乞丐好一點點的就是儒生。蒙古人以這樣的態度面對天下，能保得住江山多少年，便成了很大的問題。

所以最後軍功絕對不是無敵的，蒙古人連一個文天祥都勝不了。你讓文天祥置身那樣的環境中，只會讓他抗元之心愈深。人不畏死，奈何以死懼之？

余若瀾：《左傳》中有記載：有一只鳥飛到城墻上，君王要拿來祭祀，被勸阻。就開始描述為什麼要祭祀大禹，祭祀神農。可否作為輔證呢？

吳汝鈞：《左傳》是春秋時期才寫出來的，對於夏商時期的記載，是否可信，值得商榷。後來傅斯年等人考證，大禹根本就不是一個人，而是一條蟲。《古史辨》裡面有相關記載，當朝的統治者不想這些故事流傳開來。

真正的歷史記載，要從《史記》開始。在河南有個地方叫禹陵，其實是後人建立的。但如果沒有足夠的文獻依據，則遭人詬病。本來是沒有的，後來才加上去。

饒俊：關於大禹和神農的舉證，其實是為了說明中國的神話人物，對農業有巨大的貢獻。而非跟西方宗教中的神一樣，神就是神，人就是人。中國的神話體系，其實是以人為尊的。重點不是人物本身的真實性，而是大家流傳這件事本身所信奉的價值觀。

吳汝鈞：比如女媧補天。你的講法有道理，我們無需計較這個人是否真的存在過，可能只是一種假設。如果你做了一種假定，很多事情都可以說清楚。他們為了達到某些目的，講了一些有神話意味的故事，以此來勸導世人。

《詩經》所講的，嚴格來說也不是有歷史根據的事情。只是反映當時社會生活的詩歌，無法將當時的故事講出來。

唐君毅向來對中國以農為基礎的社會有很高的評價，尤其是很多作品裡面作者都不知道是誰，但是能將當時的社會生活反映出來。所以我們一直考證不出《詩經》的作者是誰，《山海經》的作者是誰。《詩經》就是這樣一種文獻，把當時的老百姓，他們的生活是怎麼樣的，說了出來。雖然講不出一個確定的作者，可是這個人所構想出來的故事，特別是在農業這方面，是很有依據的，都是以農業為主的。所以中國一直很尊重農業活動。農工商，農在前，

工商在後。中國是以農立國的國家。雖然講不出有什麼歷史人物是以農耕出身，但可以看出他們對農業有很大的關連。每一家每一戶都有農田，只有去耕地才有飯吃。以前有一種交易，不是以金錢作為交易媒介，而是以一斗米可以換什麼東西。或者是你家裡有一頭牛，已經沒有可以駕馭牛的人，你就賣出去。用什麼東西來算呢？用一斗米一斗米來算的。一頭牛，假設可以賣 100 斗。沒有那麼老，還有工作能力的牛，甚至可以賣到 200 斗。即便無米的時代，也有黍、有豆作為標準。

余若瀾：玉米和番薯都是明代才傳入中國的。有效改善了我們的飲食。玉米和番薯傳入之後，是我們經濟發展的一個重要因素。

吳汝鈞：我 6、7 歲的時候，仍然生活在農村，米比玉米和番薯都貴很多。買不起米，可以挑選比較便宜的糧食來吃。有豆、番薯、芋頭，被當成是稻米以外的可以充饑的物品。而且北方大部分都是草原，草原裡面一般就是牛馬羊那些家畜為主，南方才以稻米為主。

余若瀾：老師按照文獻記載，我們現在吃的玉米是明代才傳入中國的。我們通常說玉蜀黍。但我們原來吃的是小米。

饒俊：此一點在中國宗教與神話上亦有所體現，古人以禹為尊，足是因為大禹治水三過家門而不入之功德。於農業在當代，神農嘗百草，發明刀耕火種，創造翻土農具，教百姓以開荒墾地種植糧食，教眾人運用飲食所用的陶器和炊具。總之，無不是以農為基礎而被百姓奉為尊者，冠以炎帝之稱。

同樣在文學藝術上的表現則更為淋漓盡致，如《詩經·大雅·

民勞》言「民亦勞止，汔可小康。惠此中國，以綏四方……」更是
描寫百姓之苦，以此來勸告周厲王要體恤百姓。唐君毅如是說：

> 由中國之農業生活，自然促進人之超敵對致廣大而愛和平之
> 精神，及中國文化之來源本位一元而非多元，其文化非由不
> 同民族文化之文化之迭經衝突戰爭而次第向上疊綜合一形
> 成，於是使中國文化歷史之發展，乃依一中心精神，由內向
> 外不斷推廣視線，而於和平中發展。[11]

我們以為，中國文化與人文精神的「和平」說，乃唐先生對中國文
化與人文精神尤其是儒家思想的又一精闢總結。孔子言「君子和而
不同」。《尚書》有言「百姓昭明，協和萬邦」。《左傳・隱公六
年》「親仁善鄰，國之寶也」。俗語有言「親望親好，鄰望鄰
好」，無不體現著千百年來中國文化與人文精神中對於「和平」的
濃烈願望。

　　再從中國歷史發展的脈絡來看，「和平」之訴求更強，春秋戰
國之後以秦之一統為結，秦末之亂以漢朝為止，三國之後以晉為
統，南北朝之後以隋唐之統一為盛，五代十國之後又以宋開疆拓土
於版圖上達到前所未有之和平統一，明以代元，清而主明。及至近
代列強分割中國，軍閥混戰，最後新中國的建立，無一不是對統一
和平之訴求。

　　反觀當代中國，儘管近代中國在經歷「國破山河在，城春草木

---

[11]　唐君毅：〈第一章　中國哲學之原始精神〉，《中國文化之精神價值》，
　　　頁11。

深」（杜甫）之殤後，在經歷火山噴發式文化與思想的猛烈衝擊後，經過數十年的奮鬥，成為世界第二大經濟體，但對外的主張仍舊是和平發展，和平外交，和平崛起。

而孔子之「己所不欲，勿施於人」，《論語・顏淵》中有「顏淵問仁。子曰：『克己復禮為仁。一日克己復禮，天下歸仁焉！為仁由己，而由人乎哉？』」焦循說「克己則無我，無我則有能容天下之量」[12]，無不是以和平為訴求的文化與人文精神。

是以，中國文化與人文精神，則終是「惟有內外之和平，而後個人有深厚之文化修養，以承先啟後，民族之文化生命乃得悠久無疆，向前擴展也。」[13]

吳汝鈞：還有一點，愛不愛和平，跟他所居住的環境很有關係。所以很多人說，中國以農立國，註重和平發展。對農務有重要貢獻，在社會上，在家庭中，都會有優越的地位。

中國人希望有和平，以農為主，就能夠立國，能夠讓國家富強起來。這種情況根據歷史的演變，漸漸受到質疑。因為中國，就南方來講，本來水稻田是非常寬廣的，可是你看改革開放這條路，越走，農田就越少。比如我家鄉南海，從廣州到佛山，到其他一些有名小的城市，以前都是農田，中間就是一條鐵路或者馬路。但因為向經濟方面發展，很多農田被收回蓋房子，建工廠，這樣比較容易致富。蓋很多樓宇，都改為像城市一樣。這個情況越來越鮮明。比如幾十年前我從香港到廣州，通常都是坐火車，火車所經之地，都

---

[12]　焦循：〈論語通釋〉，《焦循全集・卷五》，頁 2478。

[13]　唐君毅：〈第一章 中國哲學之原始精神〉，《中國文化之精神價值》，頁 11。

是農田。但現在就變成了房子，或者工廠，已經沒有農田了。所以
我想再過一段時間，中國就不能採取以農立國的生活方式。

饒俊：其實不然，以當今中國國家的農業政策而言，其實不難看出
國家對農業的重視。「三農政策」即農業、農民、農村，一度成為
國家的重點工作在抓，其目的都指向穩定以農業為基礎之根本。後
來又繼續推出一系列的惠農政策，比如取消糧食稅、對農民實行種
子補貼，以鼓勵農民多種糧食。我想其實都是為了穩定我國的農
業。

吳汝鈞：如此說來，中國和美國可以農為主。但日本幾乎沒有平
原，很多農田都是經過人工改造。所以如果一個國家平原很廣大，
那些地方可以種植很多農作物，這個國家就容易發展出農業。多山
的國家，如日本，就很難推廣農田、水利等事項。首先需要的是你
有地方，你要有農田的水利，先決條件就是你要有地方。中國是西
邊以放牧為主，東邊是華北大平原、東北大平原、華中平原，有先
天的條件進行農耕水利。很多時候都要因地制宜，你要把它好好的
利用，不要讓它荒廢，所以在中國這方面，農田水利一直都是很重
要的，經濟發展的重點，本來就是大平原，很適合農田水利。美國
也一樣，有很多這方面的優點。所以，我們可以把這些寬廣的地
方，看成是發展農田水利的一個條件。但在中國西部，西藏、新疆
這些地方就不行，受天氣、地理等方面因素的限制。

三、結論

饒俊：唐先生看到中國文化與人文精神之優點，同時也看到了中國

文化與人文精神之不足，比如不重求科學之真，使得近代中國被西方之船堅炮利打得步步退守；但在反思自身之不足時，令我們值得欣喜的是，以儒家文化為統的中國文化與人文精神中，向來有極強的學習能力與包容度，尤其是在學習能力上表現出來的力量，令世界矚目。焦循謂「聖人之學在好古」，而當今之中國主張「以史為鑒」，無不是傳統儒家之思想，補足傳統文化在「用」上之缺。

於是乎，唐先生為中國之未來指出一明路：

> 故中國以後之接受西方文化，必須徹底改變以往之卑屈羨慕態度，而改持以剛健高明之態度。仍在自己文化精神本原上，建立根基。自內心之深處，自覺中國人當接受西方文化之理由；吾人如真能一剛健高明之態度，從內心深處自覺中國人當接受西方文化之理由，吾人即將發現，今日接受西方文化之長，將不限於科學與民主自由。而吾人接受西方文化，亦並非只是左右採獲，截長補短，以為綜合；而即是完成中國文化精神之發展，以形成中國文化前所未有之新階段。[14]

中國文化與人文精神在未來之期許，我以為若能堅守傳統文化之「一元」為宗，追本溯源，去其糟粕取其精華，以「和平」之心謀求發展，定能迎來中國文化與人文精神之偉大復興。

吳汝鈞：在這方面我有兩點要補充：第一點，我們拿日本方面的改

---

[14]　唐君毅：〈第十五章　中國文化之創造（上）〉，《中國文化之精神價值》，頁317。

革來看，日本的文化，本來就是從中國傳過去，可日本人，他對傳過去的中國文化、成果，當然包括重點儒家的思想在裡面，在那個階段，日本與中國都遇到同樣的問題，如何應對西方文化對中國文化與日本文化的挑戰，而且涉及武力，而且在西方文化，還讓中國和日本打開門戶，讓他們進來，宣揚他們的信仰，對文化有一種比較多元的講法，不是像中國一直都是以儒家為主。所以這種挑戰，是多元的，不過還是在政治、科學，還有價值論這些問題上作業，結果中國人應付得不好，和日本人的做法很不同。

因為在中國人的思考裡面，主要是有兩種選擇，一種是盡力保存傳統文化，在這裡他們對傳統文化的優點與缺點沒有細心的反省過。這可以說是一種，就是拒絕西方文化要進來中國文化裡面，他們採取的態度是保守，守住中國傳統文化，特別是儒家、道家與佛教。他們堅抉拒絕接受西方文化的精華，特別是科學跟政治這兩方面。他們盡量提出中國文化的優點，盲目地堅持這種優點，不希望受到西方文化的影響。他是保守派。這是中國人在這個問題上一種應付的方式。

另外一種是跟這個方法是對立的、矛盾的，要全盤西化。提出全盤西化的人很多，最有代表性的、最有影響力的人就是胡適。他認為中國文化像一件衣服，已經弄得破破爛爛了，我們應該把破破爛的衣服丟掉，去買一件西方的新衣服。這樣便將中國傳統文化與西方文化對立起來。他們的態度很堅決，要推翻傳統文化，要西化，而且是全盤西化。雖然胡後來在態度上稍微客氣一點，沒有他剛開始提出的全盤西化那麼激進。然後除了胡適以外，還有一些可以說是新派的學者，包括留學歐洲、日本的學者，他們也堅持棄舊迎新，而且要做得徹底，全盤的接受西方文化。這是其中一派比較

有影響力的。

　　往後，還是有很多人追隨胡適這種講法。有些什麼人出來跟隨胡適的主張呢？這裡面人很多，這裡可以舉一兩個例子，像殷海光，早期在臺大講課，講的就是全盤西化。當時國民政府不讓他開課，只給他薪水，最後以癌病去世。

　　我們不能說傳統文化完全沒有優點，譬如說拜祖先。我們這一代很少有拜祖先，但是我們的上一代和上上代，他們很重視這種生活方式。為什麼要拜祖先呢？它就是表示他們跟祖先是一脈相承，分不開的。祖先對他們來講，在生活上提供一些很好的典範。他們還是要繼承祖先走的那條路，只是改一下。不是原則上的改一下，而是在一些外在的，生活習慣的方式上改一下。中國人不是一向說，天地君親師麼？對於天，我們要很尊敬；地，我們要很尊敬；君，我們已經沒有了；親，就是父母親，以及祖父母親一直追溯上去。師，即老師，認為最早可以追溯到孔子，尊師重道。以前在家裡就會把祖先神位放上去，朝夕朝拜，象徵祖先的神位，祖先遺留下來的一些德性。

　　祭拜祖先是中國傳統文化中很重要的一點，但基督教就不允許，你除了拜基督，拜耶和華，不允許拜任何東西。可中國人就不同意，認為拜祖先是天經地義的。祖先是我們生命的活水源頭，但是在基督教是不允許這麼做的，你要拜祖先是會被教會驅逐的。從這一點來看，中西方文化有著巨大差異。

　　如果主張全盤西化，就不用拜祖先了，西方文化裡面是沒有拜祖先的。只需要拜耶和華，拜上帝。這在中國人中，是不能接受的。那是幾千年傳統文化遺留下來的生活方式。

饒俊：西方到墓地對逝去的親人鞠躬，算不算祭拜？

吳汝鈞：祭拜，以前是要三跪九叩的。嚴格來說是這樣。西方人所敬拜的跟祖先沒有什麼關係。所以中國人遇到這個西方文化，有兩種非常極端的相反的態度，一種是拼命保住祖先的神位，另外就是全盤西化。中國人所做的一切，祖先留下來的種種功德，都要放棄，但西方人對祖先沒什麼感情的。拜祖先可以成為一種生活的方式，在我們的生活佔有一定的地位，這在西方文化裡面是沒有的。隨著年紀增長，兒女娶的娶，嫁的嫁，沒有在一起生活，會感受到很寂寞，就會以養貓養狗來尋找慰籍。一個是傳統守舊的，一種是全盤西化的。

張力云：像傅斯年這類的，算不算是中間派呢？

吳汝鈞：這一類只是做研究，中學為體，西學為用。只是把那些沒有文獻依據的剔除掉，古史辨派認為從商代才開始有文字紀錄，因此認為中國歷史不是從堯舜禹開始的，而是從商代開始的。他們講的都是歷史，而不是講義理。他們都是胡適的學生，追隨胡適。他們光是唸書，沒有革命性，沒有行動，只是書生生涯而已。

饒俊：那中學為體、西學為用算不算中間派？

吳汝鈞：這是張之洞提出來的。體用關係，傳統裡面有沒有提出體用論？宋朝就已經有此一說。魏晉時期的王弼，跟宋代的體用論是比較相近的。但是最初荀子講的體用，不是哲學上面的概念。它是物質與形體的概念，不是形而上學的概念。

　　王弼有提出體用關係，出自王弼的《老子註》。他是一個天

才，二十三歲就過世了，但是在中國哲學史裡面很重要，尤其是對《老子》、《周易》的解析，是非常具有相應性和代表性的研究。奇怪的是，有很多有大天才的人，都很早逝。西方也是這樣，莫札特、舒伯特，在三十幾歲時就過世了。四十歲左右死的也很多，如《仲夏夜之夢》的主人孟德爾頌。因為早死，作品也不多。最驚訝的是莫札特，三四歲就已經作曲了。哲學有理氣之分。氣很重要，氣盡而死。現在人就是長命，但是沒用。

　　日本人就很不一樣，對自己的文化很有信心，同時也有一點悲觀的，因為國土太小。他的文化始源是中國，可是他們不甘於作為中國文化的接受者。他們在明治年代，西方人要進日本進行貿易，跟要到中國進行貿易一樣。日本人好像有這麼一個優點，他能夠把傳統的，認為有價值的一些生活方式，他們能守得住，同時也相當積極的在接受西方文化的長處，包括民主與科技。他們有這麼一個優點，新舊可以在他們的文化裡面融為一體，而且雙方配合得很好。我舉一個例子，我也在日本待了好幾年，他們有一種非常特別的進食方式。日本人通常坐在地面，不是坐在椅子上，吃飯也是坐在地上，席地而坐。他們有一個四方桌，一切活動都是受傳統的影響，可是在天氣寒冷的時候，他們一方面在西方的桌子基礎之上，在桌子下面安裝一個電爐，電爐是看不見的。他們坐在桌子的周圍，吃飯、讀書、作研究、開會，都是用這種方式。我覺得他們蠻享受的。

　　日本人就是能夠保存傳統的文化，對於西方的科學發明，包括軍事，做武器這方面，他們都可以吸收進來，而且是和自己原有的結合起來，變成均衡的關係。這樣一方面是保存自己文化裡面的優點，另外方面也吸收了西方文化的優勢，尤其是科學與軍事方面。

日本與蘇聯之戰，居然能把蘇聯打敗。但是對於蘇聯沒有什麼損失，因為戰事是在中國打的，但日本就承繼了蘇聯在中國的優越的待遇。結果損失最大的是中國，對中國造成嚴重的災難。

　　然後日本人你說是一種自卑意識的表現也好，自信心飽滿也好，在歷史上一直追蹤到比中國文化還要古老。他們流行一種講法，他們的傳統天照大御神，就是太陽，日本的天皇就是太陽的後代，文化也是從太陽誕生之初出來的。在韓國也是這樣，日本有些文化是從韓國傳來的，而韓國的文化又是從中國來的，中日韓的文化是同宗同源的。但現在韓國說自己的文化是從箕子開始的，因此比中國文化還要早。

　　日本的模仿能力很厲害。別的國家有好的表現，日本人都把它學習下來，最明顯的例子就是翻譯。很多西方的英文、德文、法文、義大利文著作，很快就有日文版的翻譯作品，他們跟得很緊，一出版就有人翻譯。

　　因為模仿始終是第二序的，不管你模仿得怎麼好，都是次等的。原創力才是最優的。如果你從哲學這方面來講，日本是有自己的創造性。這種創造，不是無中生有的做法，是對現有的外面的東西作一個完整的安排，把古今的東西都能夠處理得諧和，沒有衝突。從哲學來講的話，譬如說京都學派，創立絕對無的哲學，它就是表現出一種相當高明的處理。他們能夠把東西方，東方就是中國跟印度，西方就是美國與歐洲，兩方面的哲學都融合起來，然後自己繼續往前發展。所以他們現在好像不是我們所慣常認識的日本人只有模仿而沒有創造性，日本人已經意識到了，不要總是模仿別人。他們是把東西方認為有價值的，有普世價值的，有永恆性的元素都吸收進來，然後作一種巧妙的融合，變成他們日本自己的。京

都學派就是這樣一個學派。

　　你說他完全沒有創造能力，似乎太過了，跟事實不相符。你們有沒有看過京都學派的書呢？

學生：沒有。

饒俊：日本在能劇和歌舞伎的傳統藝術的保留與普及就做得很好，但是中國在傳統戲曲的普及上面就做得不夠好。與此同時，日本對西方的學習也很好，比如音樂劇，日本的四季劇團已經成為亞洲音樂劇最具代表性的演出團體。

第五章　唐君毅的文化哲學

廖純瑜、吳汝鈞

廖純瑜：老師、各位同學好，我今天要作的報告是「唐君毅的文化哲學」，我報告的架構，是依據老師的《新哲學概論：通俗性與當代性》這本書和唐君毅的著作《文化意識與道德理性》而來的。

一、一切文化活動皆植根於道德理性

據吳汝鈞在《新哲學概論：通俗性與當代性》的一章〈文化哲學〉中，提到馬一浮和唐君毅，可謂在當代新儒學中，比較重視文化問題，進而能溯其文化活動的根源。唐君毅將馬一浮「六藝一心論」的文化哲學加以深化和確定化後，並在當代思潮的脈絡下展開，唐君毅把馬一浮的心性這個觀念，界定為道德理性，進一步將文化內容，擴展成為多元化的範疇，包括家庭、經濟、政治、國家、哲學、科學、藝術、文學、美學、宗教、道德、體育、軍事、法律以及教育等諸項。[1]

1　吳汝鈞：《新哲學概論：通俗性與當代性》（臺北：臺灣學生書局，2016年），頁353。

吳汝鈞：這裡我稍微補充一下。唐君毅在當代新儒家裡面，是屬於早熟的一個，而有些人是大器晚成型，一直到五十歲六十歲才能寫出一些有分量的書。唐君毅的哲學在三十歲已經成型。他所謂基本的思想，就是要走儒家的這條路，成為新儒家的人物，後來變成越來越重要。他的著作有幾本書具有代表性，這些著作都是在他三十歲上下寫的，譬如說第一本《道德自我之建立》，另外就是《人文精神之重建》，這書分上下兩冊，再來就是《中國人文精神之發展》，這幾本書，都是他比較年輕的時候，在香港寫出來的，這是關於生命學問方面的著作。

另一方面不是研究學問的著作，而是適合一般的年輕人看的，比較重要的是《人生之體驗》，還有《心物與人生》等。到了五零年代就寫《哲學概論》，這本書分量非常重，內容非常多元，標準非常高。可以說是所有的哲學概論書裡，最大的一本，比我的那本（《新哲學概論：通俗性與當代性》）還要多一倍，分成上下兩本，每一本都有五六百頁。在後一點時期就是學術的著作，《中國哲學原論》，共有六本巨著。

在最後階段寫《生命存在與心靈境界》，那就是他判教的一本巨著（Magnum Opus），他所判教的對象是整個世界，包括西方、印度和中國所有的哲學、思想合起來，以《生命存在與心靈境界》統攝中國、印度、西方三方面的哲學。最後他覺得最有永恆的價值，就是三個大的宗派，一個是基督教、一個是佛教、一個是儒家。他把基督教判為四個字「歸向一神」，佛教是「我法二空」，最後是儒家的「天德流行」。在了解上是不是完全正確，我個人就有點猶豫。因為他講佛教是以「我法二空」來講佛教的性格。在我看來我法二空，只能拿來講印度的佛教，不能講中國的佛教。中國

的佛教是佛法從兩方面的問題轉到佛性的問題。印度佛教以空作為基本的觀念，根據他們的講法，就是自我和種種的法，種種的存在，都是緣起性空的，這可以說是在大乘佛教學，各個學派共持的一種看法。在中國佛教這方面，它所關心的重心，就轉移到佛性這觀念。佛性的問題能不能用空的概念概括？我想是有相權的餘地，是有爭議的。佛性或者是如來藏自性清淨心，它是不是可以用空來概括呢？像他講「我法二空」，印度佛學的空能不能用來概括這如來藏自性清淨心？我想在這裡有進一步討論的必要。他寫完《生命存在與心靈境界》就過世了。他的哲學可說是系統非常龐大，內容非常多元，而且有一個很寬廣的眼光，看世界哲學這三個傳統：中國、西方和印度，這是我對他著作的一些總持的看法。

唐君毅的著作包涵種種的問題，範圍非常廣，也非常多元，裡面提的哲學觀念與問題，像一座大寶山，一進去要儘量從各方面吸收，他的寶藏讓人不能空手而歸。可是很多人覺得他的書比較難懂，很難以吸收。所以他那套哲學理論，內容太廣大、太豐富，要吸收就有一定的困難。這跟牟宗三不一樣，在學問上我們很難說誰更優秀，可是在影響力上，牟宗三的影響遠遠超過唐君毅。其中一個重要的因素，是因為牟宗三講哲學是非常清晰，而且他每本書名都強調書的內容，看起來就不會混在一起。所以在影響力方面，不管在臺灣也好，香港也好，也包括大陸地區，牟宗三可以說最深廣的。在學問方面，哪一種學問內容更深、更廣，在理論上更有嚴格性，對於他們來講，一下子很難下一個決定。從學問內涵這方面來講，大概大戰三百回合都不分勝負。可是在影響上，很明顯牟宗三的影響比較廣，而且牟宗三的弟子也比較優秀。

廖純瑜：唐君毅的根本論述，是視人的文化，源自種種的文化意識，而此種種文化意識都是基於道德理性。唐君毅的文化哲學思想，主要以《文化意識與道德理性》和《道德自我之建立》二書中所呈現的內容最具代表性。唐氏非常強調理性與文化緊密的結合。所謂理性就是表現道德自覺的理想，而展示道德自覺始於主體性自身的自覺活動。就性格方面而言，理性是形而上的、超越的和精神層次的。順應這理性而活動，便能成就精神活動。故所謂「意識」，或「精神意識」，是指精神活動內在的體驗而言。唐氏認為每種文化活動都立根於文化意識，此種文化意識是由我們的理性而起，是從我們的自我中散發出來。自我自身即是一種價值，而且是一種道德價值，故每一個文化活動都是表現出一種價值，特別是道德價值。[2]

吳汝鈞：唐君毅對哲學這方面的關心，把焦點聚在文化意識這方面，所謂文化意識就是我們要進行一種文化方面的開拓，不論是在科學、道德、藝術跟宗教，這幾方面文化活動的根源，根據唐君毅的了解，根源在文化意識。先有文化意識，才有文化活動的開拓。文化意識可開拓出很多方面的文化活動，文化成果有多少？相應來講，文化意識是多元的。

　　唐君毅主要在哲學上都聚焦在文化意識這方面。他過世以後，牟宗三發表一些對唐君毅在學問方面的評價，是非常高的，他說唐君毅是文化意識宇宙的巨人，他不是建構哲學基本理論的一個巨人。哲學巨人應該是柏拉圖、黑格爾、康德等人物。他也不是科學的巨人，科學巨人譬如說牛頓，這是比較古老；近代有愛因斯坦，

2　同上書，頁 353、354。

這是科學方面。以文化意識裡宇宙的巨人替唐君毅作一個定位，是非常恰當的。牟宗三本人我想不能擔當文化意識宇宙的巨人這一個稱號，唐君毅開拓文化意識為文化活動，他的功力是最強的。

廖純瑜：唐君毅對文化活動的看法，展示於以下的文字中：「人類一切文化活動，均統屬於一道德自我或精神自我、超越自我。人在各種不同之文化活動中，其自覺之目的固不必在道德之實踐，而恆只在一文化活動之完成，或一特殊的文化價值之實現，如藝術求美，經濟求財富或利益，政治求權力之安排，⋯⋯等。然而一切文化活動之所以能存在，皆依於一道德自我為之支持。一切文化活動皆不自覺的，或超自覺的，表現一道德價值。道德自我是一，是本，是統攝一切文化理想的。文化活動是多，是末，是成就文明之現實的。道德之實踐，內在於個人人格。文化之表現，則在超越個人之客觀社會。」[3]

吳汝鈞：這段寫得非常好，是唐君毅所關心的核心，很清楚把問題指出來。這是誰寫的？

廖純瑜：是唐君毅自己寫的，出自於《唐君毅全集卷二十：文化意識與道德理性》，這在他的自序裡面寫的。

接下來，我繼續報告。唐君毅在此書中闡述他著書的目的，主要想推廣道德自我與精神自我的涵義，說明人文世界的成立，統攝人文世界於道德自我、精神自我之主宰之下。唐氏認為中國文化過去的缺點，在人文世界之未分殊的撐開，而西方現代文化的缺點，

---

[3] 唐君毅：《唐君毅全集卷二十：文化意識與道德理性》（臺北：臺灣學生書局，1986 年），頁 5-6。

則在人文世界裡盡量撐開以至淪於分裂。《文化意識與道德理性》一書的目的，在指出道德自我、精神自我之存在與各種文化活動之貫通。[4]

　　唐氏在《文化意識與道德理性》中談論，文化不是自然的現象，也不是單純的心理現象或社會現象。因為單純的心裡現象屬於主觀的、個人的。而文化現象則為超個人的，是客觀的。又文化現象在根本上乃是精神現象，文化是人之精神活動的表現或創造，人的精神活動雖屬於一種心理活動，但有別於一般的心理學的活動，這是因為我們所謂精神活動，乃是自覺的理想或目的所創領者，也是自覺的求實現理想或目的的活動。當我們有一自覺理想或目的欲實現時，吾人應以理想目的之實現為理想的價值。故實現理想目的即實現價值。如此理想為道德理想，我們能實現此道德理想，即實現之我的自然性格、自然氣質或有過惡之已成之我之中而超化之。然而我們現實理想之精神活動，則必求克服一切對立或阻礙，使理想實現於現實，而現實的表現正是吾人之理想。[5]

　　老師可以麻煩您，再解釋這幾句話：「我們能實現此道德理想，即實現之我的自然性格、自然氣質或有過惡之已成之我之中而超化之。」我覺得這蠻繞口的，不太容易懂。

吳汝鈞：他這幾句話在表達方面是有點彆扭，看起來不是很清晰。不過他裡面還是講很有意義的觀點。我們可以這樣看，我們當前的「我」概括的分為兩層，一層是經驗層次，而且是現象層次。另外一個是超越的層次，或者是理想的層次。這經驗層次、現象層次，

4　同上書，頁6。
5　同上書，頁29-30。

很難講出一種價值，特別是文化的價值，文化的價值是要在超越理想的自我層次才能說。所以他這句說「實現之我的自然性格，自然氣質或有過惡之已成之我之中而超化之。」這裡寫的不是很通順，但是可以順著他的意思解釋。我們的自我分成兩個層次，一個是經驗層次，一個是超越層次，這很清楚。超越層次以道德是主要的內涵。道德的層次主要是道德自我，不是你一出生就能充實的展示出來，那是要經過一種工夫、一種修養才行。這就是說，人的自我分成兩層，一種是經驗的，另一種是超越的。人的理想應該在於超越自我的開拓、體驗，不是在經驗自我發展裡面。所以我們當前最重要的事情，就是要把經驗自我的種種流弊克服、超越過來。我們也可以說，經驗的自我是一種私我，或者進一步說是一種假我。我們要做的就是把私我、假我加以超越，加以克服，把它提升到超越的、理想的層次。一切文化活動都建立在超越理想的自我中，以它為基礎建立種種不同的文化內容。然後他下面跟著就講到實現理想的精神，這是關鍵的字眼。根據他的看法，就是我們整個文化的目標，就是要實現超越理想的那個自我，或者是指道德的自我。這就是我們精神活動的關要。

唐君毅非常喜歡用精神作為一個觀念，關連到文化這方面，而這精神主要是指道德精神，不是科學精神而是道德精神。總之：他最後的立場就是道德理性的立場。道德可以說貫穿他整套哲學裡面，如果要問唐君毅哲學裡面哪一個觀念最重要？那我們可以說道德這個觀念是最重要。在他來講精神價值的本源，或是精神價值的核心，就是道德價值，這是毫無疑問的、很清楚的。

至於「有過惡之已成之我」是指已成為事實的我，做錯了的我，我們可以力求改正，使之歸於正途，透過懺悔、自省來克服私

我的弊端。

廖純瑜：唐君毅又提出，我們主觀的理想，須實現於客觀外在的現實世界。我們要使現實成我們理想的表現者，使主觀理想實現而現實化、客觀化，使外在現實理想化、內在化，即為人一切精神活動的本性。[6]我認為唐君毅這段話，說明我們內在的理想，必須要靠外在現實的客觀世界才可以實現，而這些實現的理想的作法，也就是將理想外在化，通於人的精神活動。

我們所說文化的意涵，是指人之精神活動的表現（或創造），也就是文化的概念與精神的概念，同為縱攝著主客內外之相對性，譬如心與物，心與生命，生命與物，個人與社會之相對的概念。[7]換言之，唐君毅所指的文化的意思是涵概主客觀，心與物，心與生命，生命與物，個人與社會之相對的概念，而這些都是屬於人精神活動的表現。

唐氏認為精神並非只是一個主觀的心理，而是必須以心靈之自覺的肯定或堅持一理想，而有實現理想、實現價值的志願。人若無理想自覺，則人的活動，就如木石或禽獸。其對理想等未嘗有自覺，那麼它的活動就沒有精神價值。故凡有精神價值的活動，必有理想先行，此理想先行而尚未實現或與現實對峙，則此理想為高臨於現實之上或超越現實的。唐君毅主張的是一切現實的環境，皆不能真正決定吾人理想的形成，決定吾人的精神活動。唯有我們的理想與精神活動之自己生發與形成，可以逐漸決定此一切現實而表現

6　同上書，頁 31。
7　同上書，頁 31。

為文化。[8]

　　我領悟到唐君毅認為，人若沒有理想自覺作為精神活動的導師，那就如禽獸、木石一樣，是一種沒有自覺的活動，也就是沒有精神的活動。所以必須要有理想，作為超越現實環境活動的至高無尚的價值，而此種理想是自發性形成的，它可以決定一切現實或表現出文化。

吳汝鈞：對於某些哲學的觀點，唐君毅是最強調精神的，而且他把精神看成是價值的根源。他的焦點是道德精神，不是其他的精神。這些都在他的《道德自我之建立》這本書裡面講的非常清楚。他注意每一種不同的文化，但是焦點在精神這方面。所以他講到中國文化的價值，是強調精神的價值。他有一本書寫得非常好，叫作《中國文化之精神價值》，而他講的精神價值，它的基礎就是道德理性或者是道德心，或是道德自我。當他講文化的時候，他的著眼點是在精神方面的表現。

　　然後，他講精神或是精神價值，就是以道德為主。我們常講文化精神，這裡面所涉及的文化，可以分為幾個方面，一方面是有關科學的，一方面是有關道德，另外也有關藝術，最後也有涉及宗教的。這幾種都是人的精神活動的表現。唐君毅在這幾方面，最重視的焦點是放在道德這方面。他講《中國文化之精神價值》，主要是就道德文化這方面來講，所以他的立場是非常清晰的。雖然他的表達方面曲曲折折，可是他整套哲學所顯示出來，他在哲學上的終極關懷在哪裡呢？我們可以他的哲學的終極關懷在道德的文化活動。他認為以道德作基礎，展示出來的文化活動是最有價值的。他在這

---

[8]　同上書，頁 33-34。

裡有一個言外之意，就是認為人的幾方面文化活動，包括科學、道德、藝術、宗教這幾方面，他最重視就是道德這方面。

　　《中國文化之精神價值》這本書，基本上是強調中國文化裡，以精神自覺特別是道德自覺這方面為主。這是他肯定中國文化精神價值關鍵性的一點。他講中國文化不是空空泛泛的講，除了幾點外，譬如有人講起文化就是雕圖章，穿什麼衣服啊，路怎麼走啊，或者是在生活習慣上是怎樣的生活？是一種遊戲啊，或者是要賺錢呀？還是談情說愛呀？在他看來都不是很重要，最重要是道德自覺，還是儒家那一套。所以他整套核心的觀念就是在道德。[9]

廖純瑜：吳汝鈞指出唐君毅所提出現實世界的物質、身體之屬的精神化，視之為精神活動的表現。他強調一般所謂的現實生活之本的飲食男女、求名譽、地位、權力等，都可視為同一精神實在的表現的體段，以至於一切生活節目，都可含有精神的、神聖的意義。[10]這些老師剛剛也說明過了。

二、道德理性的自由性、超越性、
決定性與內在性

　　吳汝鈞在《新哲學概論：通俗性與當代性》指出，人類的文化

---

[9]　按道德理性一類東西是抽象性格的，它必須透過具體的東西展現出來。光說道德理性，不能成就價值。價值需要實現（realization, actualization）中說。唐氏似有如此的意思：物質、身體、飲食男女等具體的東西，可作為道德理性的實現的憑依、場所，它們在這脈絡下，可說是有價值的。出自：吳汝鈞：《新哲學概論：通俗性與當代性》，頁356，註38。

[10]　同上書，頁356。

是源自文化意識，而文化意識又根生於道德理性。唐君毅所言的道德理性的本質或性格為何？可歸納為四種本質的性格：1 自由性、2 超越性、3 決定性、4 內在性。

1、道德理性

對於道德理性，唐氏有不同稱法，但是大概都脫離不了以下四者：1 精神自我、2 超越自我、3 意志力、4 內在理性。以道德理性的自由性格而言，唐氏強調我們的精神或文化活動，都擁有一種自動自發的自由。雖然我們並不否認現實環境能限制我們的精神或文化活動之形態與活動，但在同一的現實環境，我們可以以合理或不合理兩種不同的態度，來回應外在的現實環境，也就是可以判斷對於現實環境所表現的精神活動或文化活動是適當或不適當。這兩種態度都出自我當下精神自我本身的決定，也應該由我們當下的精神自我來負責。這表示我們當下的精神自我，有一個絕對自由的意味。[11]換言之，雖然在現實環境下，我們所擁有的精神活動或文化活動，仍有絕對的自由以主宰著現實自我的活動。

2、自由

唐君毅是以一個寬廣的角度來看自由。他表示我們可以回頭反省，自己的這個既成現實的自我，是怎樣的自我，便可驗證對這個現實的自我，表示判斷或態度，超越的自我而起湧現生發出一個理想，對這已成為現實的自我加以概括，而進一步主宰它。我們依據這點而確認一種意志活動，它具有自由性格，能夠產生理想，而提出一個意願。這種自由性格是人人固有的具有主宰自己、改造自己的道德的自由。唐氏認為我們必須要肯定此種自由，不然的話人們

11　同上書，頁 358。

會把他們的一切行為，視為受到因果律所決定，因而對一切惡行為
都不需負任何道德責任，同時對自身的前途和未來，也不能有任何
真正的希望。[12]這也就是說肯定自由性格的重要性，它能產生理
想，人人均能擁有主宰自己、改造自己的道德的自由。

3、道德理性的超越性格

唐君毅指出，我們的道德心理、道德行為都有共同的特性，即
是對現實自我的限制的超越。這是道德價值表現於「對現實自我限
制的超越」的意涵。現實自我是指沉陷於現實的時空中現實環境的
我，它為某一特定時間與空間的事物所限制所困圍，這可說是一種
形而下的我。所謂道德心理、道德行為的共同性格，是能促使自我
由此限制、困頓解放出來，而道德價值即表現在這種解放的活動
中。[13]

唐氏認為不僅我們身上擁有一個理想的超越的自我，還可不斷
創造理想超越的自我。當我們擁有一理想的超越自我，此理想可為
過去我之所形成，或受他人之宣傳而形成。若是如此，那麼我們便
唯有接受過去我或他人之理想而為我之理想。在此處我們接受的理
想，雖然是出自於當下自我的抉擇，如此的抉擇，固然為精神上之
創發活動。然而人常認為此理想是過去的我或他人所先有，於是忽
略了我們如此的抉擇也為精神上之創發活動。[14]

唐君毅的道德理性的超越的性格中，說明在我們心中，都有一
個道德價值超越現實理想中的超越的自我，這個超越的自我可以使
我們在現實環境的困頓中解放出來。但是這個理想的超越自我，也

12　同上書，頁 358-359。

13　同上書，頁 359。

14　唐君毅：《唐君毅全集卷二十：文化意識與道德理性》，頁 35。

可能是過去的我或他人先擁有的經驗，因而忽略了我們在現實環境中作抉擇時，其實就是一種精神創發性的活動。

唐氏又提出理想是根於我們的理性而起，是具有理性的普遍性者。這個理想縱使最初非自覺而為超自覺的，也透過反省而可使之變成自覺，而其由超自覺而成為自覺，就可證明這不是出自外來的，而純粹由內出的。我們根據已成自我之經驗內涵，作為判斷態度的基礎，證明此理想之所以由內出而形成，而知我們原有形成此理想之內在理性。此種理性在中國儒家稱為性理，但不論性理或理性，即不斷會生起創發一切具普遍性的理想之超越而內在的根源，此種理性或性理之自我，即是一個恆常悠久的具有普遍性之超越自我。[15]

另外，現實環境對我們實現理想會有一定的障礙性，此種障礙可到哪種程度呢？唐氏認為現實環境對我們的精神活動或文化活動，只能限制而不能決定。真正決定我們精神活動或文化活動，是我們的精神自我或超越自我。用佛教的辭彙說，凡是精神自我、超越自我以外的東西，對精神活動或文化活動而言，都只能是外緣或外在因素，而不是真因、決定的條件。換言之，一切現實的環境，頂多只是我們的精神活動或文化活動的必需條件，而不是充足條件或實現條件。唐氏認為我們的精神自我或超越自我，才是充足條件、實現條件。倘若我們以精神自我和超越自我為體，則一切精神活動、文化活動則是用，這個用的體，不能求之現實環境，它存在於我們的生命中。[16]

---

[15]　同上書，頁36。

[16]　吳汝鈞：《新哲學概論：通俗性與當代性》，頁359。

　　我在閱讀這段文字的心得，是凡人都有一種理想的超越自我，此是由我們內在而生起的，不是由外在型塑而成。這便是儒家思想所謂的性理，也就是本體。雖然我們在實現理想時，在現實環境中會有一定的障礙，但是這些只能限制我們的精神活動或文化活動，現實環境是屬於外緣性的，是必需條件，它們是「用」。真正決定我們的精神活動的是理想的超越自我，這才是「體」，是充分條件、實現條件，它不須外求而是原本就存在於我們人的心中。

　　依康德的說法，吾人的理性有兩個維度（dimension）：純粹理性（reine Vernunft）與實踐理性（praktische Vernunft）。實踐理性特別是道德理性，與我們的日常生活較有密切的關係。唐君毅指出，吾人的道德理性表現於實踐理想的自覺，或自覺的實踐理性的活動。它最初表現在我們日常生活的情感和意志的行為中，也表現於自覺地求得非實踐性的理想。例如求得美感的活動。只有在此脈絡下，才能說道德理性訴求：文化理想的實踐性的文化活動的必然基礎，能支持人類文化世界存在的永久性。對此唐氏肯定道德理性的普遍性，認為道德理性遍佈在人文世界。他下重語：道德理性倘若不顯示在人文世界的成就與創造中，則不能在人生與宇宙中真正顯示超越性、主宰性、普遍性與必然性。[17]

吳汝鈞：我剛才提到自我的設想，妳又提到康德，大家都知道康德有很多巨著。每一本巨著都是處理一個複雜問題。他有第一批判，那是純粹理性的，是處理認知的問題，是所謂《純粹理性批判》。然後又有第二批判《實踐理性批判》，這個批判主要處理道德的問題，就是道德理性的道德自我。之後又寫第三批判，也就是判斷力

17　同上書，頁 355。

批判，這是講美學、美感的問題。

　　最後他寫了一本書講宗教的問題，一般人把它看成第四批判。康德的書有人說包涵有三個批判，有人說是四個批判，也就是說這本書是講宗教信仰的問題。有人說康德講四個層次沒有包括肉身的我。康德怎麼回應呢？他認為肉身的我境界太低，沒有精神的價值，其他的自我都有精神價值。所以康德就沒有寫有關肉體的自我的書。在這幾種自我裡面，唐君毅很明顯最強調的是道德的自我。

廖純瑜：我繼續說：

4、決定性格與內在性

　　道德理性有決定性格，此「決定」較精準地說，是指「支配」的意思。孔子於《論語》中說：唯仁者能好人能惡人。唐君毅則表示，自我能愛合理的東西，或憎恨不合理的東西，其實已說明當事人知道何者該保留？何者該捨去？這說明他能作出明確的決定，而不是現實環境對自己所決定。唐氏認為所謂道德生活，是他自覺要自己決定或支配自己的生活，此絕對是出自於自律，不是他律。但唐氏卻指出人要真能自覺地支配自己是極為困難的，並表示支配自己比支配別人、世界更艱難，也更偉大。因為支配他人或世界，只要用我們的意志力破除外界一切障礙即可。支配自己則要主宰這用來破除外界一切障礙的意志力。[18]

　　唐君毅又指出，人是具有形成道德理想之超越自我的存在，人不易相信人之其他文化活動的第一因，亦依於人之自動自發之自由意志所形成的理想，或超越自我的理想。人常以個人文化活動乃由社會或自然環境，或人生物本能欲望，或其他主觀心理所決定，而

---

[18]　同上書，頁359。

不能真正知道人的文化活動，推到本原亦唯有在人之超越自我所引發的理想。[19]

在道德理性的內在性格上，唐君毅主張道德問題總離不開人格的內部問題，道德生活即內在的生活，道德的指令也是脫離不了自己對自己的指令。換言之，人必須自己支配自己、變化自己、改造自己。真正的道德意識的自覺與體驗，只能在自我支配、自我變化、自我改造中談。這表示道德理性是內在於我們的生命存在中的。就在道德反省方面，我們自己肯定或否定已成的自我態度，判斷它是否應該，再反省追溯判斷的根源與依據，也必須是內在的本有的超越自我。我們心靈上所發出的一切理想，都是根源於自己內在的理性，此種理性正是超越的理性，這種理想最初不是由自覺而成為超自覺，但亦可透過反省將其轉變為自覺，此由超自覺轉而成自覺，證明它不是由外面而來，而是純然發自內心。[20]

縱觀之，唐君毅認為真正支配人是道德理性的內在性格，而真正道德意識的自覺，是自己可以支配自己，改造自己，此種道德理性是內在於生命中的。換言之，心靈上一切的理想，都根源於道德理性的內在性，是一種超越的理性。或許現實的理想不是由自覺而來，也可能透過反省而轉化為自覺，亦證明它不是由外面而來，而是純然發自內心。

吳汝鈞：在這裡講到道德的決定，一個人決定做什麼事或決定不做什麼事，這種決定是一種道德的決定，跟我們有關的感情沒有直接的關連，純粹是內心裡面的一種道德的主宰來決定。在思路上他有

19　唐君毅：《唐君毅全集卷二十：文化意識與道德理性》，頁 37、38。

20　吳汝鈞：《新哲學概論：通俗性與當代性》，頁 360。

根據，其中受康德的影響很大。康德講到道德問題的時候，提出一種所謂無上的律令（categorical imperative），那是有一種強制力量的意味。可是這種強制不是由外在的力量，強制你非要這樣做不可。這完全是一種自律。在自律這種的脈絡下，確定要怎麼做，自律基本上是道德的性格。妳這裡有提到維度（dimension），在大陸方面講到 dimension，這是用一種特別的名項來翻譯為維度。所謂維度其實就是一種層次，一種方向，或者是一種面向。它的意思就是有一種理想的目標，有一種毅然的意味在裡面，就是一種很堅強的決定，幾乎是一種 order，這種 order 不是外在的因素所造成，而是自己的道德心所產生出來。它有一種不可違背的力量在裡面，也就是道德良知。道德心要怎麼怎麼做，這麼一種決定不是主觀上情感的決定，而是出自道德的考量，不是偏私的決定，而有一個公義在裡面。道德本來就是一種公義的活動，也就是己所不欲勿施於人，也可以說是一種律令、軍法（在軍隊裡軍法從事，就是殺頭以性命相賠）。這就是所謂的不二處，是必然的，沒有其他的選擇，所以在這問題上道德是高於一切。孔夫子講到仁的時候，就說「為仁者能好仁能惡人」。好惡這種決定，不是感情上的決定，也不是在一種關係上的決定。不是父母要你怎麼做，你便要怎麼做，不是這樣的，而是出自內心道德的主宰來決定，這種決定性是非常強的。

　　在這裡我們可以作一個比較，儒家與京都學派就有很不同的講法。譬如說對於某一個決定，最上（最後的）的根據，在儒家來講包括當代新儒學者唐君毅他們，他們認為我們在行為上該怎麼做，要從道德的原則來確定，也就是同情共感，己所不欲勿施於人。他們認為這種決定是道德上的決定，比宗教上的決定還要高。他們認

為宗教上的決定，基本上還是有它的外在性，不是純粹的自律，而是有他律在裡面。譬如說信仰基督教的人，他們遇到一些重大的事情或是重大的決定，通常都從宗教的層次考量，確定要做什麼不做什麼，不是他自己的決定，是由上帝給他的決定。那上帝怎麼跟他溝通？這就要看信仰的程度，如果真心誠意信仰某一種宗教，你就會感受到什麼時候上帝會提出一種主張要你如何做。這是宗教上的講法，我們一般人沒有宗教信仰，很難做出宗教上的決定，這是不能違背神的意思，要你如何做。在什麼情況下神要你做決定？一般而言，沒有理性的解析，由神啟示他要這樣做，不要那樣做。這種啟示的方式，不是一個客觀的方式，而是由當事人自己去體驗，去identify，這是他律的。所以信仰基督教的人，當別人問起你為什麼要這樣做？他一定回答是主耶穌基督示意要我這樣做的。那要怎樣證明神的意思要你這樣做？他不能給出一個客觀的解釋，這是他個人的一種宗教經驗，你有這信仰，你就會有這種宗教經驗，跟上帝有聯繫，體驗到祂的啟示是怎麼樣？我們一般人沒有這種信仰，就不會有這種經驗，很多事情他們認為神在背後支持我們，啟示我們應該怎麼做。例如基督教背景的香港浸會大學，在學校開系務會議，或者在研究所內開所務會議，他們最先會有一個人作出禱告，就是說感謝主讓今天我們有一個會議，我們要求主給我們智慧進行這個會議，讓大家同心共力在這會議上達到共識，得到一個好的結果。這機會他們是認為神給他們，跟我們反而沒有那麼密切的關係。最後就是感謝我們敬畏的神，全心全意敬仰的神，最後禱告結束，就一定會說「阿門」，所以都是先有禱告，才有系務會議。我在香港浸會大學呆了十五年，每次開會都有信徒做這樣的禱告。其實這話我也能講，很容易講的，好像什麼都要感謝主，感謝祂給你

什麼，結果這會開的有成果，然後就用阿們來結束。他們對信仰對宗教是絕對的服從，如果在宗教與道德方面要做一個抉擇，確定哪一邊是最後的，他們就以宗教作為最後依據。

這種講法在佛教也有，其實在儒家方面也有這種講法。譬如說王陽明講無善無惡是心之體，無善無惡就是要超越善惡，超越道德的層次，不過他講的道德與基督教講的道德可能是不一樣。又六祖禪師惠能也講過「不知善不知惡」，不要對事務的善惡有所選擇，不要起分別心，對於善，對於惡，不要抓得太緊，要超越善惡。不善、不惡只有宗教才有這種意義，宗教高於道德，這是宗教採取的立場，不論佛教或是基督教都是採取這立場，京都學派也是取這立場。他們說我們要先超越二元的分別，超越道德上的善惡，宗教才能談。儒家在這方面是屬於道德的立場，他們不想牽連到宗教這方面。在宗教跟道德裡，他們視道德比宗教更有終極性，這很明顯是道德重於宗教。京都學派或是其他的宗教，他們就覺得宗教重於道德，這是缺少人存在的立場，你是歸向道德還是歸向宗教？這是最後的關卡。一種宗教徒一定要守住宗教的命令，這是維繫它的理由。所以道德比較能講自律，宗教就比較難講自律。不過佛教方面是比較接近儒家，它也講自律，而且它這自律是宗教方面的自律，就是要超越種種的分別，包括生死、善惡、存在非存在、理性非理性、有無，所有的意識分別都要拿掉，最後就是宗教超越善惡。

儒家就不這麼想，他們認為最後的主宰，一定要是自律，一定要是自我。甚至要超越宗教強調的他律，而做這麼一個決定，所以在這方面，儒家是自律主義。宗教譬如說基督教、印度教，特別是後者，還有佛教裡的淨土講阿彌陀佛的，都是他律，這點一定要弄清楚。

三、道德理性與文化生活的開展

廖純瑜：唐君毅主張道德哲學的目的，在了解我們於真實世界的責任義務，了解我們對於真實的世界應有何種人生的理想與目的，以及應有哪些行為可以實現之。道德哲學的意識本身不是道德行為，而是一種知的方面的哲學意識。此種哲學意識依於行為要求，因而有對於現象的實在事物加以改造的想法。[21]這點剛剛老師也解釋了很多。

吳汝鈞在《新哲學概論：通俗性與當代性》書中也指出，近世西方文化的發展是多方面的，例如：經濟、政治、文藝、哲學、宗教、道德、教育、法律等，皆是屬於社會文化中獨立的領域，這是東西文化昔日所沒有的情形。近世的哲學最初也只是涉及人類知識的起源，人之理性經驗與知識的關係是如何等問題。直到康德乃由知識論以限制知識世界的範圍；在純粹理性外認識實踐理性的重要，由此提出道德的重要性，再以道德為出發點，建立宗教、法律、政治，並由理性之顯現在自然與超利害心的興趣來評論美與藝術。[22]

唐君毅在《文化意識與道德理性》這本書中，也提到西方多位哲學家對文化哲學的看法，其中又以康德與黑格爾皆以人類文化為人之理性實現於客觀世界，或精神之客觀表現最為推崇。康德論文化最大的貢獻在於以其批導之方法，分清科學知識、道德、宗教、藝術、政治、法律之不同領域，而分別在其中體現人類理性要求之

---

[21]　唐君毅：《唐君毅全集卷二十：文化意識與道德理性》，頁 367-368。

[22]　同上書，頁 9-10。

實現或滿足。唐氏表示他這本書，以道德為文化中心而不以哲學為文化之最高者，是承襲了康德的精神。康德談論道德著重於自覺的道德意志或自覺的道德理想或所謂目的的世界的建立。[23]

吳汝鈞：道德、宗教、一般的認知活動和科學在這方面，儒家的態度是比較接近康德的態度，康德的態度基本上是認為人的覺悟，應該是道德上的覺悟，而且是道德上的體證，是實踐理性的表現。他認為實踐理性比我們一般認知外界所依據的純粹理性要高，我們是用知性來了解外在的世界。他的第一批判就是專門講純粹理性或者是理論理性，基本上用來了解現象的世界。可是這種純粹理性的作用，是有一個限制，限制在一般經驗現象的內容裡面。如果超出這種內容，如上帝存在、靈魂不滅，和絕對自由這些題材超越一般的知識以外，這些東西不能用純粹理性來處理。如果一定用純粹理性解決，結果會引起很多很多矛盾出現。譬如說上帝是不是存在？那種問題不是科學的問題，它是宗教信仰的問題，如果你用科學方法、知性或純粹理性來處理，那肯定要出現種種的悖反，結果問題不但不能解決，反而讓自己一直處於一種矛盾、悖反的情況。對於這些問題，我們要用實踐理性來處理。實踐理性不是處理科學的問題，而是處理在科學以外的形而上學的特別是道德方面的問題。

廖純瑜：老師，純粹理性是解決科學方面的問題，實踐理性是解決形而上跟道德方面的問題？

吳汝鈞：所以康德才有第一批判、第二批判，再來就是第三批判，那是談美學方面的問題。最後他還有一本書，我們通常把它看作第

23　同上書，頁 12-14。

四批判，那是探討宗教方面的問題。在康德的心目中，我們有不同的理性解決不同維度的這些問題。

廖純瑜：在《新哲學概論：通俗性與當代性》一書中，吳汝鈞認為唐君毅提出道德理性直接開展出多元的文化生活或文化理想。這便是家庭、經濟、政治、國家、哲學、科學、藝術、文學、美學、宗教、道德、體育、軍事、法律、教育等多個面向。唐氏以為這多種生活或理想，概括盡人類的文化生活、文化理想。

唐氏將文化項目分成三組：前四者即科學、藝術文學、宗教、道德，是人類理性最純淨的表現。中四者即生產技術、社會經濟、政治、家庭倫理是人類理性規範、條理人的欲望的產物。至於體育、軍事、法律、教育四者可視為維護人類文化的存在與發展的生活、活動方式。唐氏指出在這十二種文化生活與文化理想中，道德雖只是其中的一種，但對具有自覺性格的道德生活、道德理想而言，事實上一切文化生活與文化理想，可說都是依附道德目標而生起。每種文化活動在表面上，只是實現某一種特定的文化價值，例如真、善、美，它們同時也實現或表現一道德價值，這就是使我們的超越自我、精神自我更能充實發展自身，以窮盡各自所包涵的理性價值。[24]

在《新哲學概論：通俗性與當代性》書中，吳汝鈞提到唐君毅對於文化的開展，有詳細的解說。以政治而言，人的權力欲或權力意志不能做為政治文化的基礎。若無客觀的價值意識，在政治上人與人之間的支配與服從便不可能，人的權力意志有自我摧毀的性質或可能性，它必須被轉化為求榮譽而尊重客觀價值的意識。因此人

---

[24]　吳汝鈞：《新哲學概論：通俗性與當代性》，頁 361。

與人之間權位的關係，必須轉為能位、德位或勢位的關係，由此便有人的權力意志的自我超越而又隸屬於一種道德意志的問題。

　　其次，唐氏談到人的社會團體的形成的理性基礎與國家產生的必然性以及於國家要素，如人民、土地、主權的意義。唐氏對於有關國家實在性的問題，指出國家在某一個意義下，可被視為一種精神實體的實現機制，和檢討黑格爾與唐氏自己國家思想的異同。在唐氏看來，黑格爾對於個人超越自我涵概國家的認識仍是不足的，他也不能肯定超越國家的天下或世界的概念。唐氏闡明除了要尊敬自己國家外，也要尊敬其他國家的道德理性的基礎，最後論述國際和平與天下一家的理想的可能。[25]

四、唐君毅在文化哲學上的傳承關係

　　唐氏說《文化意識與道德理性》提出文化哲學的系統，是因為對中西文化哲學之思想，皆有所承繼亦有創新。此書要承繼的根本觀點，是中國之儒家思想。儒家思想始於孔子之功績，一方面又繼承以前中國六藝之文化（原始之六藝為：禮、樂、射、御、書、數）。禮即道德、法律，樂為藝術、文學，射御為軍事、體育，書是文字，數是科學。後來的六藝是指詩、書、禮、樂、易、春秋。詩屬於文學、藝術。禮是指道德、倫理、社會風俗。書是指政治、法律、經濟。易屬於哲學、宗教。春秋即孔子依其文化理想所作出的裁判，藉以垂教當世之教育法律也。[26]

25　同上書，頁 362-363。
26　同上書，頁 7。

吳汝鈞：在這裡，他是把六藝禮、樂、射、御、書、數，概括人的文化生活，就是很多元的那種活動。或許你會覺得空泛，概括性太大了，就是說人的文化活動，光在美學或者是藝術這方面範圍非常廣，現在要用「樂」來概括人的種種藝術文化活動，讓人有不清不楚的感覺。譬如說藝術生活裡面非常多元，音樂、繪畫、文學作品、詩、詞、戲劇、書法和比較實際的茶道、花道、劍道等，都是我們日常生活裡與藝術有關的，牽連到美的感覺方面是非常多元，如果只是用「樂」來概括，會給人非常模糊的印象。樂通常講音樂，音樂的範圍也很廣，有中樂、西樂，也有印度音樂。音樂在西方也有好幾個階段，最初階段是宗教音樂，譬如早禱的音樂，然後是巴洛克（Barogue）階段，有巴哈、韓德爾，還有義大利的韋瓦第，再下來是古典音樂如海頓、孟德爾頌、貝多芬這三人為代表，當然是莫札特最有風采；再接著就是浪漫階段的舒伯特、舒曼等，最後是強調一種宇宙力的表現，譬如說華格納、馬勒、李查·史特勞斯，這些音樂的力度非常強，讓人感覺無形的力量融在生命中湧動，到了現代的音樂有多種的型態。所以光音樂就已經那麼多元，那麼所謂的「樂」又除了音樂外還包括其他藝術活動，書法、繪畫、花道、茶道、劍道等，這種種的藝術生活、藝術活動概括性就更廣，所以在這裡所說的六藝，只是一種代表性的意味。

廖純瑜：還是有它的局限。

吳汝鈞：古代藝術活動比較狹窄。音樂在中國也只是幾個旋律，如高山流水、南屏晚鐘、漁舟唱晚、十面埋伏等，從這裡看出中西音樂差得很遠，所以光用樂來把它們概括，界線就非常模糊。數的方面就是數學，直接的關連點是數學，推廣出來是邏輯，然後是科

學，這些可以用康德的純粹理性來處理。

廖純瑜： 在唐君毅的文化哲學的系統裡，不論在內容的深度與廣度以及理論系統的嚴謹度方面，都有一定的成就。我們除了高度肯定唐氏個人的用思與睿見外，也不容忽略他的傳承。在《文化意識與道德理性》一書中，唐君毅自認此書，一方面是為了中國及西方在文化理想的融通上建立一個理論基礎，另一方面要提出一文化哲學的系統。再一方面是對西方的自然主義、功利主義的文化觀點，給予徹底否定，以保衛人文世界，使之能長久流傳而不下墜。

吳汝鈞： 這裡所謂的人文世界，他到底指的是什麼意思？對自然的世界來講，有人的努力，有人參與的活動就是人文的活動。唐君毅在他的書裡，有專門談人文的問題。早年著作很多，像《心物與人生》，這人生就有人文的意味在裡面。《人文精神之重建》有上下兩冊，還有《中國人文精神之發展》，這也是另外一本巨著。還有《中國文化之精神價值》，這本書很有名，他講文化精神的價值就是人文。

　　在他眼中，一切精神的價值，都不能脫離人文主義，就是有人來參與才算是人文、文化活動。這些書裡一般認為《中國文化之精神價值》寫得最好，最有代表性。唐君毅《心物與人生》、《人文精神之重建》、《中國人文精神之發展》、《中國文化之精神價值》，這幾本書都環繞著人文的課題，他最重要的一本書《文化意識與道德理性》，範圍主要的規劃還是在人文精神這方面。

廖純瑜： 我覺得現在一般對人文的字眼用得非常泛濫，到飲料店一杯 35 元的飲料，也叫人文飲茶，其實人文的概念是非常抽象的，

老師能不能具體闡釋一下什麼是人文的意思？

吳汝鈞：我們之前有講過文化與文明的分別，所謂人文精神可以說是文化活動所要展現的一種精神，它與自然是分開的，科學比較接近自然這方面，因為科學研究，主要是研究外在的事情，種種現象的表現，怎麼生起，現象與現象之間的關係，這些都是科學研究的對象，所以人文不是主角，主角是自然。道德、藝術、宗教這些方面人文的意味就很強，都是涉及人的一種精神創作。在科學上我們很難講創作，只有少數的人能有成就，只有拿諾貝爾獎成就的那些人才有創造性，可是這畢竟是有限。

人文精神的表現，它的連結就非常廣或者非常多元，道德的活動當然是一種人文的活動，藝術活動也是人文的活動，展現人主體的活動，展示人主體的力量。宗教可以說是人文性格蠻強的，不過我們所說的宗教範圍也太廣了，有些宗教強調人格神，這種宗教人文性格都很少。基督教、回教人文精神就比較弱；像道家、儒家、佛教他們的人文精神就表現比較濃厚。

所以在這裡我們可以聯想一下一個結論或定義，人文活動就是人的心靈活動，它的範圍包含三個主要的科目：道德、藝術跟宗教，但是有很多項目，都不包含在這三個大項目裡，音樂、戲劇、詩歌和日本人所流行的茶道、花道全都有人的內心精神的參與在裡面。當年唐君毅講到人文科學時，就不喜歡「人文科學」的用語，就算是人文的學問也是科學的範圍啊，他就說這樣也最會引起疑點，我們講自然科學就包括生物、物理、化學，又講人文科學如歷史、社會、經濟、藝術等等，如果是這樣的話，這些都用科學來概括。自然科學也好、人文科學也好，結果人文精神這方面的意思無

法顯現出來，所以他提議不要叫人文科學，叫「人文學科」來區分。人文科學這種講法會引起一些跟自然科學混在一起的問題。凡是跟自然有關的我們講自然科學，可是在人文活動這方面，我們不用人文科學而用人文學科，這樣就有一個清晰的解釋。不過，我想一般人基本上也不會這樣用人文學科，很少人這樣講，一般人都講人文科學。（**學生**：現在好像也都講人文學科。）

廖純瑜：唐氏在此書內，表示自己對中西文化哲學的思想都有繼承，也有屬於自己的創見。尤以他先提出自己著書所傳承的，在根本觀點上是中國儒學的思想。儒家思想始於孔子，除了追懷孔子的功績外，一方面又繼承中國六藝文化，同時以一切文化都基於人心的仁。以後中國儒家論文化的一貫精神，即以一切文化都本於人的心性，本於人的人格。之後以較多篇幅談論孟子，他強調自己在書中主要在擴充孟子的人性善論，這是成就文化的本原。唐氏說自然力量對於人的精神的規定關係，仍不離精神自身，所以人總可以保持自己的自動性、自主性。精神的至善本性，文化的至善本性，都有一種自己決定其未來方面的自由。至於對於罪惡問題，唐氏表示樂觀的態度。唐氏說我們對一切的罪惡，都能夠超越與克服。因為我們能夠警覺自己的陷溺狀態，一念陷溺便會通於一切的惡，有自覺陷溺，能一念不陷溺，便可通於一切的善。[27]

　　對於在文化哲學上的傳承關係上，唐君毅在《文化意識與道德理性》中也自述：本書之論文化之中心觀念，全出自於中國儒家之先哲。然在論列之方式，則為西方式，並貫通西洋哲學之理想主義之傳統的。西方哲人論文化與中國哲人論文化的方式大不同。中國

---

[27]　同上書，頁363。

哲人論文化，開始即論斷價值上之是非善惡，並常是先提出德性之本原，以統攝文化之大用。所謂明體以達用，立本以持末是也。西方哲人論文化，則先肯定社會文化之為一客觀存在之對象，而反溯其所以形成之根據。本書的做法即如此。希臘哲學自蘇格拉底，至柏拉圖、亞里士多德，乃重論文化。但蘇格拉底尤重道德，論道德方式，不似孔子直指人心之仁孝，以明道德之本，而是就當時社會所流行之道德、習慣、風俗或道德判斷，加以反省問難，以明道德知識之內心根據。**28**

28　唐君毅：《唐君毅全集卷二十：文化意識與道德理性》，頁 8-9。

第六章　心境感通

吳汝鈞

吳汝鈞：這次我們講的是唐君毅的心和境的問題，subject 和 object 不僅僅是知識論的關係，還有感通的形而上的關係。我們談感通，一般指的是心靈的經驗，這並不是認識，而是一種形而上學、宇宙論、神祕主義等幾方面的問題。這些討論主要在《生命存在與心靈境界》中，這是他最後的著作，當時他已得肺癌，是他帶病寫成的，他親自校對後沒多久就過世了。這本書是唐君毅最晚期的書，代表了他哲學最後的想法。哲學研究者的一生，經過青年、壯年的讀書研究，然後寫專書表達觀點。一般而言，最後期的觀點最為重要。唐先生的這本書可以稱作他晚年的鉅著 Magnum Opus。

你們讀牟宗三的《圓善論》、《心體與性體》、《佛性與般若》、《認識心之批判》、《現象與物自身》，都算是鉅著。《才性與玄理》不用鉅著來說，因為它的分量比較輕。唐君毅也寫了很多中國哲學的鉅著，以《中國哲學原論》、《哲學概論》為代表。華文世界，討論哲學的著書很多，但是沒有一本可以和唐君毅這本書比較。雖然名為概論，但是實為專論，它討論了知識論、形而上學和人生哲學等等，每一部分都可以當專書，他的魄力很強。我也寫了新哲學概論，但是魄力僅有他一半。《生命存在與心靈境界》

可以稱為鉅著中的鉅著。他早期作品《人文精神之重建》、《中國人文精神之發展》、《中國文化之精神價值》等,若說是鉅著,我還是有所保留。因為他的討論有點分散,如果能系統性的整合這三本書,應該也可以稱為鉅著。

這次我們的討論將通過一個很重要的問題來進行,就是心靈和外在環境的關係。以前我們都是通過知識論來談這個心和境的問題,唐先生不是從這個角度來說,而是從形而上學、知識論、宇宙論、神秘主義來談,所以不是很好懂。尤其是神秘主義比較玄,比魏晉玄學還要玄,所以不好懂。但是我們還是要講一下這個問題。

唐最初講心和境,強調有感通的作用,在他看來,境不是死物,卻有另類的生命,這有點像懷德海的機體主義 organism。懷德海在歐美哲學中形成自己的哲學,就是機體主義,整個宇宙是個大機體,每個生物是小機體,不是死的。唐君毅的心和境是感通關係,以觀為主,這個觀不是看,而是對他有所認知,不單是知識論,還有形而上學、神秘主義的意味。他不是從表面對境或對象進行知性 understanding 了解,而是講感通,這在佛教中有比較相像的想法。智者大師講一心三觀,是根據龍樹的有空、假、中道而來,這裡面也有感通的意味,也不純是理論的認知,而是直覺的認知。唐君毅也講三觀,但不是智者大師的三觀,是從秩序、程式、分類等幾方面來談,這分別涉及橫觀、順觀和縱觀。橫觀主要是觀萬物的種類,順觀是觀秩序,第三種縱觀是觀事物的層次。縱觀是有機的觀法,統合了橫觀和順觀,並且向外開拓出去。以上就是唐君毅三觀的總結,他由此觀事物的內容和本質。由此講下去,橫觀涉及對於境的內外左右,心靈來往於事物裡面,主要從空間來講。順觀是從前後次序進行觀照,集中在境或對象發生轉變的前後次

序，主要從時間來講。縱觀是縱橫的縱，比綜合的綜更為深刻。

所以心境的觀法涉及空間、時間與超空間、時間，超越性很明顯。橫觀、順觀很難講超越，因為是在時空中講，但是縱觀就是超時空的，是超越的維度 dimension。這種觀不僅僅在佛教有，在儒家也是有的。

橫觀、順觀、縱觀這三者中，橫觀講的是客觀的境，順觀講的是主觀的境，而縱觀所作用的是另外一種境，是超主客的境，這比主客觀的境更為深廣。什麼東西是超越時空、主客的呢，終極真理便是，在不同哲學中有不同體現。舉些例子吧，在柏拉圖領域就是理形，Idea，它靜止不動；還有就是基督教的上帝，祂創造萬物；在印度教中，有梵天，Brahman，是實體主義；在佛教中，它的終極真理是空，是非實體主義；儒家如何說終極真理呢？先秦、宋明、當代這三個時代都談仁、道、理、天、心、良知等等。道家有不同的講法，講自然，講無。莊子講天地精神，萬物與天地精神有密切的聯繫，這種思想也影響到魏晉玄學。

如果只有主客觀便不完滿，這都是經驗現象的層次。還有超越時空和現象的，這就是終極真理。物自身意義上講是超時空的，物自身是 Glensbegriff，是界限的意義，是現象以外的。物自身和現象是分開的。觀現象是感性世界。但如何觀超越主客觀呢？我們試從知識論回答這個問題。康德以為感性和知性認識世界，兩者可以作用的限度是現象界。還有一些另外的東西，比如說物自身、意志自由、上帝、靈魂，是純粹理性不能理解的。應該用哪一種機能來理解呢？應該通過實踐理性來理解。如果我們硬要通過純粹理性來理解超越的東西，就會產生種種背反，Antinomie，所以認知需要懂得界限。純粹理性認識現象，不能處理形而上學和道德問題，這

需要由實踐理性處理。所以康德所走的路程先從智來講，然後發現需要有實踐理性，開拓出道德的世界。有人說這種路線是窮智見德，智是我們的感性知性，德是道德等東西，這是第一，第二批判所分別討論的。窮智見德這個討論是勞思光先講的，牟宗三也很贊同。

余若瀾：蘇格拉底的知識即美德呢？

吳汝鈞：有種這樣的意味，因為蘇格拉底講知識，好的行為表現出來即是美德。孔夫子也是啊，他刪述六經，體現出來就是道德。

唐君毅運用了佛教的名相來講三境，通過體相用來談。這個體不是實體，指的是本來內在的內容，這「體」在日本京都學派中，西谷啟治講的是自體，是現象學的，真實無妄的，這與佛教的自性不一樣，佛教的自性是虛假的，這需在諸法的緣起性空的脈絡下講。

我對於一些哲學問題想不通的時候，就會去度假酒店，在美麗的風景中培養靈感，慢慢就能想清楚了。我對藝術也很有興趣，古典音樂和山水畫的潑法，後者有黑色潑墨還有彩潑，比如張大千晚年有所謂「變法」，用彩潑墨潑，後來有很多人跟進。像荷花就有這種畫法。我一直在思考，彩潑墨潑是不是有什麼哲學意味呢，我左想右想，想不通，就去度假酒店，每天欣賞風景，看大橋，靈感思路就比較清楚，就想通了，想通就回家。杭州浙江大學有個博士生問我，想通了什麼，我就不和他講。我這麼轉折才想出來，怎麼輕易便跟他講呢？要他自己去想，自己去領悟才好。

在《生命存在與心靈境界》裡面，有三境轉出九種境界。三觀各有三境，都有體相用，體是本來內在的內涵，相是在認知上表現

現狀，用是宇宙論意義的作用。因三觀皆有三境，三三得九，所以就有三進九重的思考，構成九種境界。

唐君毅認為人不僅僅可以和人感通，也可以和外物感通。但是我們現代人不怎麼講與外物的感通。就如康德第一批判中講物理學、數學、生物學，物是人的一個對象，是死的。然後就轉到第二批判，處理道德、上帝、靈魂不滅之類的話題，唐君毅的感通比較像是這一類的對象。這裡需要有更清晰而詳細的論述，我這裡只是做一個譬喻。

我們通常講觀和知，知在英文是 understanding，德文是 Verstehen，觀用英文 contemplation 是比較好的翻譯。在佛學上有兩種心靈的實踐，有止，有觀。觀是有動感的，所觀的對象是有生命的，這個動靜一般而言是相對反，止則是靜的。從知識論一般的分別來講，沒有一種絕對的動靜的分別。可是從一種形而上學的超越的角度來看，全都是動的，沒有動靜的分別。只是我們的感官較弱，不能夠感受到這種不停歇的動。像懷德海就將整個宇宙視為都是活動的，他看事事物物都是從有機的角度上講，這和別人不一樣，和西方傳統的形而上學不一樣，他這是非實體主義。實體主義需要一個自體來體現承載性，懷德海反對這種說法。宇宙中的事事物物都在時間和空間之中，其作為實體是常住不變的。佛教不是這樣看，他們認為一切都是因緣生。佛教不用實體這個名相，他們用自性來表述。佛教的這種說法和懷德海的機體主義很相應。懷德海對自己的哲學作過一次評價，他說如果說我的哲學是從西方傳統來，毋寧說我的哲學來自印度佛教和中國哲學，印度佛教強調超越性。西方哲學說的實體，是從實體主義來看，認為實體是絕對終極的真理，東方哲學以佛教來講，萬事萬物沒有實體，而因緣生，是

空無，以沒有自性為終極真理。所以很奇怪，西方人的想法，從正面來講，是很積極的，positive。而印度佛學、中國的道家和禪宗都一致以為，真理是沒有實體的。這難免令人有些疑惑，究竟何者為終極真理呢？

余若瀾：老師認為什麼是終極真理？

吳汝鈞：我講純粹力動現象學，詐現的真理，它看起來好像有，是實實在在的，這個東西在我們眼前，有種種的外貌，但是其實沒有實在性可以說，只是詐現而已。這是熊十力的講法，熊十力是借用佛教的講法。純粹力動也是這樣，是詐現的，是短暫的。這個聽起來比較玄。

接下來是第三點，環繞我們身邊的現象和事物，就是我們所說的境。境有不同的層次，可以通過不同的字眼來概括，一心三觀說我們的心靈可以觀三種境，這是天台宗智者大師提出來的。一方面是客觀境，獨立於我們心靈以外。這種境最明顯的性格就是時間性和空間性。這個比較容易了解，萬事萬物作為對象來看都有時空性。比如說這瓶水放在桌上，就有主客的對立，也有時間性與空間性。從時間上看，現在是四點半，如果我把它拿到別的房間，那就需要一點時間，時間性就有變化。它的空間性，就是中研院文哲所三樓一間小室的桌子上，這就是空間性。唐君毅把這個客觀性看作是萬物散殊境，萬物皆為獨立的個體，是不同的。萬事萬物萬法是一個總的名相，這裡就出現了種類的概念，就出現了依類成化境。這在生活中也常遇見，在動物中就有人類、老虎類等等分類。因為生活中東西很多元，所以我們需要分類。涉及因果關係的則是功能序運境，序是次序，運是運動，由因果概念來處理，比如火燒水

滾，這種作為常識看很常見，火燒是因，水滾是果。比如說音樂，發出聲音是因為有人在彈奏樂器。原來就沒有什麼運動，我有一次和一個講師約好跑步，看誰先跑到沒有體力，他跑了四百米，最後百米跑得有點慢，我跑到三百米，就不能再跑了。這個「運」，是運動，不是運氣。

以上三種是客觀境，然後是主觀境，是我們對萬事萬物現象的感受。從意義 meaning 上講，有三種。一種是感覺互攝境，我們對事物有一種感覺，這種感覺不是一般的感覺，而是一種感應，事物與事物之間有一種感應。攝是交流，是華嚴宗講相攝相入的意思。

余若瀾：可以用相即來理解嗎？

吳汝鈞：可以由相即相入來看。

張力云：可以用因陀羅網來理解嗎？

吳汝鈞：這兩個不一樣，這是一種禪定的最高境界，是法界，其中的每一個存在都有它的價值，不可以被遺棄，不可以被取代，這表示是每一種事物都有自足性。而這裡感覺互攝境所講的是事物之間有交流有融合的意味。

然後是觀照凌虛境，這裡主要講的是意義，而不是對象。這和道家很像，有一種綜合的意味。在環境中有所見到的花草樹木、山河大地，同時也注意整個世界綜合為一的境界。老莊所講的自然，不是物質性的自然，而是道，是無。這個層次是超出現象的層次而進入形而上學虛無的境界，從意義上概括萬事萬物的真理。所以他在這裡提出能夠概括這一在主觀境以外強調意義的境界。金庸在面對長子死亡這一心靈的打擊的時候，看了基督教的書，效果不是很

好，就轉而看佛教，好一點，他又向一位老居士詢問這個問題。老居士和金庸說，你在面對心靈的打擊的時候，精神集中不起來，是因為你太愛兒子了。金庸不能接受，認為親情之愛是天經地義的事情。老居士認為這個愛過了底線，就會有意想不到的事情發生。所以當親人發生了什麼事，就要斷愛。金庸覺得好像有道理。

饒俊：這個在楊瀾訪談中金庸也有提到，他的兒子是他親手教出來的，他的兒子從小特別聰明，充滿了純潔的俠氣。所以在面對情感問題時很難接受，就自殺了。

吳汝鈞：老居士勸金庸斷愛，除了長子以外，他還有其他兒女，還有一個新妻子。金庸的新婚妻子年紀輕輕，曾經是我的學生。中國有三個武俠小說大師：還珠樓主、梁羽生、金庸。金庸的文字流暢，有吸引力，但是還沒有另外兩個作家有思考。梁羽生的佈局，故事的脈絡比金庸好一點。不過金庸創辦明報，常常寫社論，大家覺得很了不起，既寫了三十幾本小說，還懂得經濟政治，都寫得很出色。

回到正題，當講到德行的時候，就是道德實踐境。是德行不是德性，因為道德不是拿來講的，主要在於行動，如果研究道德，卻自己的行為不檢點，這是不行的。

有了客觀境、主觀境，第三種是超越主客境，涉及對終極真理的理解和行動的境界。他提出了三種關於終極真理的講法，一種是基督教，一種是佛教，一種是儒家。唐君毅給他們一個定位，這個反而好瞭解，表述也很完整，最終達到了一個總合。第一個歸向一神境是基督教，說耶和華創造萬物和人，創造了一個男人，太寂寞，就為他創造一個伴侶。亞當和夏娃就出現了，上帝制定了一些

規範，亞當和夏娃不自覺犯了這些規範，後來生子生女，成為人類的祖先。這裡用歸向一神境來描述基督教，是他個人的觀點。基督教能不能用歸向一神來說，我有些意見。萬事萬物人類，皆歸向耶和華，歸向人格神，作為主。光是用歸向一神看基督教，我們就會發現人與神的距離。如果人與神是溝通的，就不能用這種講法。人格神是獨一無二的，因為人與神的境界並不一樣，人處於經驗世界，有時空性因果性。而神是超越的，超越了時空性和因果性。人都是從亞當夏娃繁衍而來，偷吃禁果，而有原罪。但是神是以人的身體而出現的，在梵蒂岡大教堂的頂上有很多米開朗基羅所作的畫，最頂上是上帝創作人的圖畫，上帝與亞當的手指幾乎接觸，上帝和人都以人為形象。上帝創造人，人也創造上帝，上帝是精神性的，人是物質性的。上帝讓祂的兒子進入人間，成為救世主（Messiah），受苦受難，被釘在十字架上，用祂的寶血來洗淨人的原罪。這是上帝主動與人溝通，自上而下。人與上帝並不能直接溝通，不能自下而上，那如何能夠歸向一神呢？為什麼要用耶穌釘在十字架上作為救贖方式呢，我們可以做出一些思考。死亡有不同方式，釘在十字架上，一滴一滴血流乾，然後死亡，是最痛苦的。

　　下面講佛教，我法二空境。我是自我，法是一切事物，我法二空只適合印度佛教。小乘佛教認為我是空，法是有，所以要有無我的實踐，把一切自我的意識都掏空了。佛教有很多不同的講法，唐君毅這樣講有點片面，中國佛教喜歡談佛性。從印度佛（大乘）來講是合適的，就中國佛教來講是有問題的，中國佛教很強調佛性的用，禪宗講作用見性，天台講功用，華嚴講繁興大用。禪宗的見性，這個見是體證。我有一篇主題演講，裡面比較詳實。以我法二空說佛教有問題，以唐先生的學養，不可能只注重印度佛教，而忽

視中國佛教所注重的佛性。

　　儒家的天德流行境講的是人可以積極的向外向上擴充，與天連起來。這展示了道德的形而上學的意味，將主體、客體、絕對體結合在一起。孟子講盡心、知性、知天。存心、養性、事天。熊十力、牟宗三和唐君毅，都很注意這個天命天道，形而上學的境界，人心通於天心。勞思光就很反對，他認為道德不一定要從形而上學來說，只有仁義禮智信就夠了，不用到那麼高遠的境界。這和唐牟有很大的衝突，這一點和新儒家不一樣。唐牟認為在經驗世界談道德，不夠充實飽滿，要在天道性命中談，才可以鞏固起來。這種說法天德流行不是唐君毅首先提出的，熊十力的著作中已經提到了。基督教之歸向一神配天，佛教之我法二空配地，儒家之天德流行配人，天地人三才達到一個完滿結合的境界。

　　禪宗裡面一些公案紀錄了一些義理，在參禪以外還需要有公案的研究。有一個關於六祖惠能的故事也蠻有意思的。有一天，大家都在等六祖來說法，六祖有很高的地位，講頓悟。六祖一出來什麼都不講，他伸出大拇指，問這是什麼，很快就有人回應說這是「大拇指」。六祖搖頭說不是。另外一個覺得這個太膚淺了，說，這是「空」。不僅這個大拇指是空，山河大地都是空。六祖也搖頭。最後一個孩子也舉出大拇指說，這個就是「這個」。六祖就點頭。說是大拇指，並非有錯，只是境界不高。說是空，也沒錯，萬法皆空，所以大拇指也是空。這種講法和這個是大拇指差不多，沒特色，沒智慧，只能人云亦云。最後一個回答為什麼對呢？因為說是大拇指有分別心，分別心是常識，不能見真理。這個就是這個，沒有分別心，是如實的智慧。如實就沒有多加主觀的講法，只說如其所如，沒有增加，也沒有減少。佛典中有《不增不減經》，說的便

是這種道理。這個故事有什麼意義呢？你們也可以參一下，為什麼這個是這個，是絕對正確的。

佛教講空，京都學派講絕對無，我個人覺得力度都不夠，而提出純粹力動現象學。我在現實生活上，是非常需要宗教信仰的，可是現實生活中我找不到能無條件接受的義理和實踐內涵的宗教。因此我覺得有宗教信仰是有福氣的，但不能勉強。也不能因為父母信這個教，也跟著信。楊祖漢是研究儒家的，但妻子是虔誠的基督徒，所以後來兒子也成為正式的基督徒。可是他學的也不是宗教學，而是中國語言與文學。在我來說，既然現實上沒能找到一可信奉的宗教，便得自己做出來，因此要造論。

最後我們要講的是唐君毅哲學的師承淵源。晚年他寫的是《生命存在與心靈境界》，這本書很難讀。

張力云：楊祖漢老師組織的讀書會有讀《生命存在與心靈境界》。退休後被返聘為特聘教授。

吳汝鈞：楊祖漢老師是很少沒有博士學位，但卻在大學當了三十多年教授的特例。早期在新亞研究所（香港不承認其學歷）就讀碩士。後來東海大學設立哲學系，邀請蔡仁厚前去授課，教授中國哲學。他在中國文化學院的教職，便由楊老師承接。梁漱溟、熊十力雖然沒有學位，但學問影響深遠。錢穆亦是，只讀到初中，卻因為一篇文章被北大聘去做教授。楊祖漢是臺灣最後一位沒有博士學歷當教授的，而且越教，地位越高，這很了不起。

這裡我們返回到唐君毅的問題。他認為心跟境雙方有一種感通的關係。因為我們的心是主觀的心、主體的心，境是客觀對象。一般哲學提到心境，是主體與對象互相獨立來說，沒有感通的。只是

我們認知的心，通過理解，或者知性，去了解對象，而不是感通的關係。感通的關係是一種形而上學，以至於神秘主義的性格。但西方哲學是不大談的，心是心，境是境，只能通過心去了解客觀存在。沒有所謂的感通，如果你講感通，那麼會發生很多關係需要講下去。感通的觀念可以發展到形而上學和神秘主義的思想，這種思想繼續開拓，最後發展到心境合一。當然也有心跟境的認知作用在裡面，可是這種感通，不是我們一般了解的把外物看成是一種現象來認知。

　　哲學的難度在於用正確的概念講出來。概念和我們一般人所說的意義不一樣。有些人說觀念和概念是一樣的。其實不然，概念是從知識論方面來講思想，我們只能認知它們作為現象的情況，不是觀念。當我們講起觀念的時候，是超物質的層次，不是認知事物的現象性，而是我們的智慧的事。認知心也會提升，提升為睿智的直覺。

　　唐君毅在《生命存在與心靈境界》裡面對哲學進行了全盤的判釋，最後將所有的事物的看法，劃分為三進九重，用黑格爾的方法——正體與反體。譬如說這個是桌子，你對它有一個肯定和判定。如果你說這不是椅子，這是反向說，於是就有了正反之分。然後再有合，將正反雙方連接起來，而成為一種新的思想形式。這就是綜合：綜合正反而來的綜合，沒有正負之分，在肯定與否定以外，這麼一種意思，或便是合。所以我們瞭解事物，有三個層次：正面的肯定的、反面的否定的，最後進行綜合。如果說我們從三個角度來瞭解一件事物，就會比較客觀，不會偏向於哪一方。正面的思考與負面的思考不一樣，這在我們平常的講法，瞭解事物的相狀，然後進一步將兩者合起來，形成綜合的思考。所以辯證法有三重的思

考。正、反、合三重。故而正、反、合就是三進九重：

這是黑格爾的辯證法。

　　在唐君毅這裡，由三進發展為九重的認知。將世界一切說法作一個全盤的思維。最後發展為九種境界，九種層次的認知。也可以說是一心九境，發展出九種思想，九種境界。這是《生命存在與心靈境界》的要點，對三大宗教進行了全盤總結——一心九境。對事物真理的瞭解，有九重思考。全世界古今中西，全都判釋為三進九重，成為一種架式。架是架構的意思，架構的那種形式，那是一定的，不能變來變去，這是我們思考的一種方法，是真實的，不能亂說。一心怎麼能開出九境呢？這是一種思考方式，這種瞭解才可以說是充實飽滿的。這是牟宗三最喜歡講的用語。比如智的直覺，是牟宗三翻譯的。而我更喜歡翻譯為睿智的直覺，表現為一種超越的，睿見的智慧。

　　這裡所謂一心九境，九境分成：三重認知（正反合）。正是主

觀的境界，反是客觀的境界，合是絕對的境界。

這本書可算作是巨著，花的心思特別多，非常深奧，是極為理性的梳理。只有將世界的哲學都搞清楚了，才有可能總結出一心九境如此深層的認知。

黑格爾認為他提出的方法是最深邃的思考，可這是西方的辯證方法。東方的辯證法，龍樹卻提出四個層次——四句（梵語：catuṣkoṭi），比辯證法還要多一個層次，唐君毅的三重是根據黑格爾的辯證法總結出來的。

四句是四種命題，第一句是肯定命題，第二句是否定命題，第三句是綜合命題，最後的一句是超越，這是辯證法所沒有的。四句在偈頌中的說法是「一切實非實，亦實亦非實，非實非非實，是名諸佛法」。這出自龍樹的《中論》。

一切實非實：一切實，是肯定的命題。一切非實，一切也非實，這是否定的命題。亦實亦非實，這是綜合的命題。非實非非實，這是超越的語句，展示出超越的境界。關於這個偈頌，我在拙著《龍樹中論的哲學解讀》、《印度佛學研究》和《佛教的概念與方法》等著書中也有比較詳細的詮釋。

最後，我要就感通的問題，再進一步闡釋一下，以顯示唐君毅的心境感通思想的殊特意義。說心境感通，從字面看似是作為自我的心與作為對象、事物的境的直貫的殊特關係。上面我們說心對事物有感通、感應作用，事物與事物間也有感應現象。心對事物有感應，比較容易理解。但事物之間相互也有感應，比較難以理解。我在這裡稍作一種推理來說明。心與事物 A 與 B 都有所感應，A 與 B 可透過心作為中介建立一種關係，不妨也可說為 A 與 B 也有感應、感通的關係。它們雙方本來是相互獨立的，兩者都與心有聯繫

關係，而即在這種關聯中，兩者被聚合在一起，在心的作用下相聚合，此中應亦可以說感通關係。若以這點是合理的話，則可引至懷德海的實際的存在（actual entity）、實際的境遇（actual occasion）或事件（event）之間的攝握（prehension），這些都是具有終極的意涵的語詞。在這裡，攝握有包含攝入的意味，這正相應於唐君毅所說的感通。感通的雙方都是有機的、具有動感的東西。都是活的，不是死的。

懷德海認為宇宙萬物都是相互攝握（apprehend）的，它們是虛的，不是實的，故相互間能有一種攝握的諧和關係。倘若是實的，則相互妨礙，不能攝握了。以下我們轉到佛教華嚴宗的說法。華嚴宗人說毗盧遮那大佛（Vairocana-buddha）在一種所謂海印三昧禪定（sāgara-mudrā-samādhi）中，雙眉之間發出一道白光，照見萬物相互之間生起一種圓融無礙的關係，它們「相攝相入」。攝是攝入，把對方吸納進來，成為自己的一部分。入則是納入於對方，成為對方的一部分。這通常又稱「相即相入」。這種現象只存在於佛的禪定中，是經過深廣修行而獲致的關係、境界，它的背景是一種法界（dharmadhātu），不是我們一般所置身於其中的現象世界。在現象世界，萬事萬物都有妨礙性，只會相互排斥，不能相互攝入。

京都學派的西谷啟治提出，在空的存有論中，萬物都是迴互相入的。武內義範也提出，在淨土阿彌陀佛的接引、加持下，萬物都凝聚成一個大合奏隊，每個分子和其他分子都是相互擁抱的，不是相互分離的。

唐君毅的心境感通說，可能是受到以上三家的影響，特別是華嚴宗與懷德海。

第七章　唐君毅先生
對儒釋耶的判教論

吳汝鈞

一

　　唐君毅先生在他晚年的鉅作《生命存在與心靈境界》中，把東西方的重要的思想理論，作出一種總持而具有批判性的梳理，把一切主觀、客觀及超越主客的思想體系統攝過來，判為「三類九境」。初三境指涉客觀的境界，重視對客觀世界的理解，這即是萬物散殊境、依類成化境和功能序運境。中三境指涉主觀的境界，以人的主觀感情統攝一切客觀的事物；這即是感覺互涉境、觀照凌虛境及道德實踐境。最後三境則指涉超越主客觀的境界。他認為我們的心靈能自覺到這主客觀的境界的分別，但卻是相互對待的。他因此提出我們要能統攝、綜合而又超越這主客觀的境界，最後指向一絕對的境界，這即是人的宗教精神方向，亦是唐先生判釋儒釋耶三大宗教思想的所在。他把耶教亦即是基督教判為歸向一神境、佛教判為我法二空境，儒家判為天德流行境。

　　在這三教中，唐先生指出它們的思想方向各自不同，但都指向

同一的絕對境界。基督教強調人的罪性，故對世界不能作一正面的
肯定，因而把絕對的境界寄託在一全能的上帝中。佛教把世界視為
一充滿苦痛煩惱的境域，故要人通過對空性的覺悟，以正智觀看世
界與人生，使人從苦痛的大海脫卻開來。儒家則先對人與世界作正
面的肯定，認為人要發揮其內在本有的德性，在人倫關係中表現出
來。繼而提出人德乃來自天德，人倫來自天倫，由此成立天人合德
的境界。這三教說到底，其所能達致的絕對境界，都具有無限性與
普遍性，皆足以成就無上的價值。

　　以下我要對唐先生的這種對三教的判釋，看他的觀點是否有
據，看儒家思想是否真能勝過基督教與佛教。我們會特別留意他對
基督教與佛教的理解是否合理，是否有說服力。

二

　　在這裡，我想先提出一點：唐先生看三教的性格與作用，是在
它們三者對於我們的現實生活，能否促進我們在現實上開拓出一種
充實飽滿的幸福生活，在這一點上，他以「圓實」字眼來說。
「圓」是各方都能周延地照顧，使缺失或不足減至最低的程度。
「實」正是扣著我們的現實生活而言。這現實生活自然不是指那種
與動物相並的飽食滋長而言，而是就具有文化上的自覺性與開拓性
而言，由此而說人生的價值與意義。充實飽滿的幸福生活，必須在
文化活動的開拓方面說，例如科學、道德、藝術、宗教等各面說。
科學求真，道德求善，藝術求美，宗教求神聖。真、善、美及神
聖，是人在文化生活中的最高表現。真正的幸福必須從這幾方面
說。這也應該是唐先生講圓實所涵蓋的主要內容。

進一步說，圓實的生活跟我們所生於斯、長於斯、死於斯的大地是不能相離的。人的生活與文化的發展，都是從現實的人生與世界開始的。這是我們最根本的立足點，也是出發點。理想可以不同，但都是從雙腳踏著大地開始的。而理想最後也要與這現實的大地關連起來，才能臻於真正圓實的生活。唐先生很重視儒家，與圓實的意涵是大有關連的。

三

先說基督教。唐先生認為，基督教針對那些過分執著自我，而產生傲慢、自大心理的生命，和過分看清自己，而產生軟弱無助感的生命而設。它作為一神的宗教，以一種縱觀的向度（vertical dimension）預設一個大我的上帝於個體生命的小我之前，透過對大我的倚靠，傲慢的人勢必要收斂起來，而軟弱的人則會變得堅強。對於這種在行為上過猶不及的人，基督教的一神教便可以對有關方面有缺憾的人，補他們的不足，使他們的行為一歸於正。他認為基督教可矯正人們的不健康的心理、態度。

唐先生是從實用主義（pragmatism）來肯定基督教的存在價值。他相當能體會到人在現實方面的渺小無助，相對地也過分誇耀一神的大能。於是讓人在一神的面前變成一個完全無自信與自尊的人，而不自覺地、無條件地欣羨神的威嚴，單方面地仰慕（aspire to）祂的大能，而祈求祂慈悲，施與恩典（grace），讓自己得到救贖（salvation）。這是向上的上迴向的矢向。這種對基督教的看法流行於傳統的解讀方式，實際上是過時了。在當代的神學家或宗教學的人士中，除了巴特（K. Barth）嚴格堅持人神的分別外，很多

人都持開放態度，強調人神的對話，以至神採取主動的方式，向自己的獨生子耶穌透過道成肉身的方式，以人的身分、形象，出現於人間世界，經歷種種殘暴不仁的苦痛，最後釘上十字架，以寶血來洗滌人身上的原罪。這很明顯地是下迴向的矢向。這些神學家或宗教學人士包括布魯納（E. Brunner）、布爾特曼（R. Bultmann）、拉納（K. Rahner）、莫爾特曼（J. Multmann）、田立克（P. Tillich）、馬塞爾（G. Marcel）、朋霍費爾（D. Bonhöffer）、希克（J. Hick）、孔漢斯（H. Küng）等。希克提出宗教的多元主義，孔漢斯強調宗教對話，都強調人神間的溝通，打破雙方的隔閡。布爾特曼更提出「解構神話」（Entmythologisierung）的說法，要拋棄《聖經》的陳舊的世界觀，把有關耶穌的宗教神話抽離，讓祂作為一個常人，說作為「聖人」亦無妨。只有這樣，我們才能更親切地感到耶穌作為一個人而存在。德國現象學家釋勒爾（M. Scheler，謝勒）在其名著《妒恨》（*Ressentiment*）中表示，基督徒對希臘人視愛為低層次的東西對高層次的東西的嚮往與欣羨，很不以為然，他們甚至拒斥這種觀點。他們認為愛應是高層次的東西對低層次的東西的謙卑服侍。他們的愛的標準是高位者偃傴低位者（the higher stoops to the lower）。這是一種紆尊降貴的歷程，也是下迴向的矢向。

　　最能展示神、人之間的非分別的、同一的關係的，來自德國神祕主義（Deutsche Mystik）的艾克哈特（M. Eckhart）和伯美（J. Böhme），他們提倡神與人的同一性，認為兩者的特性都是無（Nichts）。神人既是同一，則雙方應能直接溝通，不必通過耶穌為中介。唐先生對於這些微細的問題，未有留意。在他的著作中，只提到巴特與田立克，未有提及其他人物與相關事情。這是他對基

督教理解的不足之處。在基督教中，不是只有人向神的單一的上迴
向，同時亦有神對人的下迴向。歸向一神的說法已過時。Man
aspires to God, and God stoops to man.

四

下來說佛教。唐先生認為，佛教是針對那些對生命的苦痛煩惱
感到疲厭而又能自信能除掉這苦痛的人而設。它能對這種人提供一
自救的途徑，俾能破除種種知見上的障蔽，克服苦痛煩惱，而達覺
悟的正果。這顯然是一種橫觀的向度（horizontal dimension）。也
只有這樣，才能普渡眾生。案唐先生在這裡所說的佛教，是就自力
主義的立場而言，不包括他力主義的淨土信仰。他對自力性格的佛
教，稱其旨趣是我法二空。

以我法二空來說佛教，有點問題。案釋迦牟尼於印度東北部說
法，成立佛教，這是所謂原始佛教，留下四《阿含》為主要文獻。
然後向南、北方面傳播開來。向南傳的是小乘，流行於南印度、錫
蘭和東南亞如泰國、緬甸等地。向北則傳至中國、朝鮮、日本等
地，另外又回流向西藏與蒙古。這是大乘。在印度方面成立空宗與
有宗，其後又發展出如來藏或佛性思想。空宗與有宗都強調我、法
皆空，是大乘教法的主流。如來藏或佛性思想在印度並不是很流
行，到發展於中國，才廣為流傳，以天台、華嚴和禪為主，其基本
概念則是佛性，或中道佛性，而不是空與有。天台宗智者大師以
藏、通、別、圓判釋佛法，以藏教、通教所說的真理是空，其體證
方法分別是析法空與體法空。別教與圓教則以中道或中道佛性為真
理，其體證方法分別是歷別入中和圓頓入中。有一點是非常明顯和

確定的：智者大師在其天台三大部中表示，佛教三藏十二部，浩如煙海，但不外有說佛性與沒有說佛性而已。空宗（般若思想、中觀學）與有宗（唯識學）沒有說及佛性，以空為終極真理；《法華經》、《涅槃經》則以佛性或佛知見分為終極真理，傳至中國則成就了天台宗、華嚴宗與禪宗。這是佛教上的常識了，有足夠的文獻學依據。唐先生以我法二空來說佛教，只適用於印度的大乘佛教，對中國佛教沒有適切性。中國佛教所說的佛性，是空與不空兼備的。空是指一切因緣生的東西的共同特性，不空則指大乘菩薩所具足的方便法門。

唐先生在其《中國哲學原論原道篇》第三冊花了很多篇幅闡釋天台與華嚴二宗的判教法，都非常精闢，發常人所未發，何以在我法二空問題上失察，著實讓人費解。其中一個可能是天台與華嚴已不是完全依循印度佛教的路數發展下來，其中夾雜有一些中國思維（特別是儒家）在裡頭，不能說完全是印度佛學的思維路向了。佛性思想不能完全免於儒家的體性方面的形而上學或心性論了。他為了嚴別佛教（印度佛教）與儒家，因而把中國佛教中的佛性思想輕輕帶過，不予深究。

五

最後說儒家，那是唐先生最為精熟的學問，發揮也最多。他認為儒家能正視人的潛質與世界的存在價值。它能建立人的善的本性和具有天命天意的世界。人的心靈不但能感受到有善的傾向，同時能肯定世界，視之為實現靈性價值的場所。他認為人要盡性立命，面對世界，當下承擔一切在世界盡性立命的事，在道德的自省中成

己成物。所以儒家提出一順觀的思想向度，以為人應順其道德生命
的發展歷程，與涵蘊著天命的世間事業的變化互相配合，而使人德
與天德互相溝通與融攝，最後臻於天人合德的境。故儒家能正視
現實人生與存在世界的價值，當下承擔德化人生與世界的責任。這
種取向比基督教和佛教都更為圓實。

　　唐先生以「天德流行」來說儒家，若就形而上學來說，是可以
的。天德與人的心靈或心德是直貫地相通的。就外延來說，天德可
以涵蓋心德。不過，就實踐一面來說，則是我們先要確認心德的至
善無妄性，我們要在心方面下工夫，而拓展開去，最後達於天德，
以道德的開拓來打開心與天的隔閡，以達於天人合德或天人合一境
域。從心開始作工夫實踐，然後向四邊發展，開拓到形而上的天方
面，較之由天著手，以其流行不息來突顯心德，是較可親切易行
的。孟子講「盡心知性知天」、「存心養性事天」，都表示由近而
遠，由具體到普遍，也具有這親切性的意味。故先說「心德流
行」，再說「天德流行」，更有殊勝義。

　　按「天德流行」不是唐先生說的，在熊十力的著作中也有提
及，只是忘記了在哪一本文獻說過，待查考。

六

　　綜合言之，唐先生對三教的判釋，有在實用上的一個特點，也
可以說優點。即是就現實的人生與世界出發，能直接對現實加以肯
定，而承擔種種責任，即給予較高的位置。故唐先生特別推崇儒
家，實無可厚非。因為儒家最能本著濃烈的道德意識，承擔一切盡
性立命之事，在現實世間即此即實現價值，以成己成物。這應是最

理想、最值得肯定的。佛教視人生與世間充塞著苦痛煩惱，要以種種實踐方法予以克服、驅除，然後證取涅槃，這已經是隔了一層。就直下當體轉識成智，證取涅槃，而轉識成智是歷別意義的漸教實踐，故不如儒家。不過，佛教終於能夠認證自家具有自救的能力，能自起智慧，掃除煩惱，是其可取之處。特別是與基督教比較為然。後者始終認為人是完全疲弱無力，現實世間無可留戀，把希望寄諸上帝的恩典，俾能在現世之外建立天國。就此點來看，佛教講「煩惱即菩提」、「生死即涅槃」、「淫怒癡即是解脫」，直下在世間成就覺悟，不需離開世間而另外建立天國，自又較基督教為殊勝。

上面提到實用主義的問題，唐先生認為儒、釋、耶都有具世間性的用處。在這一方面，唐先生關連到具體的有病與治病的比喻來解說。他認為基督教與佛教是針對有病患的人而施設，而儒家則是針對那些病患較為輕微的人而施設的。

三教都有治病的功能，而人的病情各自不同，三教正可相資為用，互相配合。其關係不應是誰高誰下，而應是在一配合眼光下的主從關係。關於這點，唐先生顯然是以儒家為主，以基督教與佛教為從。三者配合，則人可本著儒家確立道德理性以立人極的尊嚴，又可吸收基督教言上帝的高明尊貴，配合佛教博厚慈悲的性格，以成一「三位一體」。儒家是主，耶、佛教為從。在這方面，唐先生確定地說：

> 儒者之天德流行境中之義，其更進於此二境者何在？此則非意在爭其高低，而在辨其主從，以興大教，立人極，以見太極。使此天人不二之道之本末始終，無所不貫，使人文之化

> 成於天下，至於悠之無疆；而後一神教之高明配天，佛教之
> 廣大配地，皆與前於道德實踐境中所論人間道德之尊嚴，合
> 為三才之道，皆可並行不悖於此境。（同上書，頁 156）

這樣，基督教的高明配天，佛教的廣大配地，儒家則立根於人倫。
天地人合為三才，可成一圓極境界。

七

　　以下要就唐先生對儒、釋、耶三教作一概括性的評論。先說基
督教。唐氏以縱觀說它的宗教精神方向，謂人類罪性深重，不能自
求解脫，故要縱觀地自下向上祈求上帝的恩典，俾能進於天堂的高
明潔淨。這是對的，基督教固然有一自下而上的向度。但同時亦有
自上而下的向度，這便是子格的耶穌屈曲傴僂（stoop down, sich
bücken）向下活動，以寶血與上十字架來為世人贖罪，接引世人嚮
往，轉向天上的高明。耶穌死後，三天又復活，回歸上帝的身邊，
完成祂作為救世主（Messiah）的神聖的任務。故基督教的向度是
縱觀地自上而下，同時又自下而上的。這相當於佛教淨土宗兼具的
往相與還相二者。西方近現代的神學家已注意及這點，亦即是自上
而下的積極的態度，唐先生便忽略了這點。另外，上面提及德國神
學家布爾特曼的神話解構，耶穌死後三天復活，回歸向上帝，這自
然有神話的意味，是宗教神話，故也要被消去，解構掉。

　　至於佛教，唐先生的理解涉及一些比較細微的問題。他以我法
二空來說佛教，如果這佛教是就印度大乘佛教而言，這是沒有問題
的。印度大乘佛教的終極歸趨的確是我法二空。但不大能說中國佛

教，因後者的歸趨不是我法二空消極的一面。它還提出「不空」來說積極的一面，這不空涉及佛性。佛性有兩面性格，空與不空。佛性是我們眾生所普遍具足的覺悟主體，它能了解諸法是空，沒有自性或實體，故不予執著，遠離妄見、煩惱，最後證得解脫。實際上，不空即是佛性，是覺悟的主體。唐先生太過強調空，而輕於不空，因而有我法二空之說。

　　最後看儒家。上面曾透露，唐先生提天德流行，以天德為心德之源，這是以形而上的天對於人心具有先在性，需要繁雜的論證，這裡沒有時間探討了。一言以蔽之，心德流行較天德流行更為親切。我們是應該先接近心，然後向天方面開拓。

附錄一　我與唐君毅先生

吳汝鈞

　　我在見到唐君毅先生之先，早已聽過他的名字和看過他的書了。勞思光先生在講課時時常提到唐先生，有時也拿他的《中國哲學原論・原性篇》來參考。他並表示中國哲學中的重要問題，唐先生都有注意到，而且加以論述，這表示他承認唐先生的學問涵蓋中國哲學很大的範圍。

　　唐先生的書，我在大三、大四時看得很多，主要有《人文精神之重建》上下、《道德自我之建立》、《文化意識與道德理性》、《中國人文精神之發展》、《中國文化之精神價值》、《人生之體驗》和《人生之體驗續篇》。其中以《人生之體驗續篇》看得最多，可以說是一看再看。由於所談的內容非常親切感人，故印象非常深刻，在很多地方都有同感，好像是替自己說出來那樣。有時晚上思慮太多，不能成眠，便起來拿這本書來看，看到他講人生傷痛的地方，往往忍不住，便流起淚來。其中有一篇講人生的艱難與哀樂相生，真是道盡人生的辛苦艱難，但又表示人生有溫暖的一面，這便是人性中的哀樂相生之情，因此我們仍可對人生充滿盼望，生起美好的未來將會來臨的信心。這種哀樂相生的現象的基礎是人性中的同情共感的悲情，唐先生在他的最後著作《生命存在與心靈境

界》判釋佛教的我法二空境中，便曾深刻地闡述佛陀的這種同情共感的悲願。

關於唐先生對這種同情共感的悲情的說法，我們在這裡不想再重複了。在這裡，我想引述德哲史懷哲（A. Schweitzer）在他的自傳《我的生活和思想》（*Out of My Life and Thought*）中的一段話來印證一下：

> 當我自己過著幸福生活的時候，卻看到周圍許多人正在與苦難和煩惱搏鬥，這對我是無法想像的事。早在小學時代，每次看到同學們悲慘的家庭環境，並將此與根斯巴赫教區牧師孩子們過的理想家庭生活做一比較，我心裡便會有一番激盪。而上大學的時候，自己雖享受著能讀書研究並在科學和藝術上有些貢獻的幸福，但對於因物質條件或健康狀態而無法享受這種幸福的人卻一直繫念著。[1]

史懷哲在幸福中，卻並沒有漠視生活在苦難中的人，這是由於他不安於獨享幸福。他要融入苦難的人群中，和他們共同分擔苦難，這便是同情共感。這種情懷的形而上學基礎，是大家在心靈上的共通性以至一體性。只有基於這一體性，才能說「同」，說「共」。關於這種情懷，晉代文學家陶淵明的故事也可以幫助了解。他僱了一個年輕人照顧兒子，對兒子說：「此亦人子也，可善遇之。」這是說，兒子是他的兒子，他愛他，因此請人照顧他。但那個照顧他的

---

[1] 史懷哲著，梁祥美譯：《我的生活和思想》（臺北：志文出版社，1998年），頁 104。

人，也有父母，也是別人的兒子，他的父母也是愛護他的，因此不應虧待他。這樣，陶淵明便有同情共感，知道他人也愛自己的兒子，如同自己愛自己的兒子一樣。

我在唸大四時，已經立志畢業後，入研究院追隨唐先生與牟先生了。他們同時在中大研究院與新亞研究所開課。一般人都認為研究院比新亞研究所好，因為後者並未為香港政府認可。當時我的想法是，若考不到研究院，便入新亞研究所算了。我的目標是要向唐、牟兩位學習，不管政府承不承認的問題。因此大四那年下學期，我便和另外一位同學到新亞書院見唐先生，說明來意，那時是我第一次跟他見面。他給我的印象是，人很隨和，但不大喜歡說笑，說話很嚴肅，不停抽煙，在辦公室轉來轉去，好像很忙的樣子。他沒有給我甚麼承諾，只說盡力而為。大概是由於研究院收生的名額有限，能不能考入，難以保證。後來考過入學試，進行口試，那時唐先生到美國開會，只有牟先生和謝幼偉先生主持。對於謝先生，我是預先有些印象的，我看過他的《西洋哲學史》，但只得上面一截，好像到中古為止，下面的便沒有寫下去。不過，我很欣賞那本書：它說理清晰易懂，所論都是重要的問題，比同性質的書有較高的可讀性。當時謝先生循例問了幾句，然後到牟先生。他說話很少，只問我跟勞先生學了些甚麼，又說我的英文不很好，崇基方面同來考的黃婉兒的英語水平很高，云云。結果我被取錄。

在研究院第一年要上的課比較多，我選了牟先生開的宋明儒學、知識論，黃振華先生開的康德哲學和唐先生開的魏晉隋唐佛學。另外又旁聽徐復觀先生的課。牟先生的課，非常精采。黃先生由臺灣大學過來當一年客席，他講康德哲學，由第一批判講到第三批判，最後又講一些有關康德的和平思想，講來中規中矩，文獻學

的氣味很濃厚。唐先生講魏晉隋唐佛學，範圍很廣，資料很多，他講得有些凌亂，間中發一些很精要的觀點，令人振發起來。那時我也看他的《中國哲學原論》的導論篇和原性篇。大體說來，他的書比他的講課要精采很多，後者常令人有東拉西扯，不能聚焦的感覺。大概他的精力主要都用在著作方面去，然後是搞行政、開會，最後才講課。故他的講課有時缺乏系統性，討論問題首尾也不能一貫。他實在太忙，衣著也不整齊，襯衫的鈕扣也時常沒有扣上。有時他的助理趙潛見到，便過來幫他的忙。很多時他沒有時間觀念，講過了時也不自覺，我們不好意思提他，最後還是趙潛過來提醒他，說時間早已過了，他應該下課休息了。

唐先生在講課中時常流露出一種苦痛的神情，他不夠從容，有急促的感覺。在他身上，我感受到一顆偉大的哲學心靈在不斷掙扎的形象。後來我聽牟先生說，他常被研究院方和哲學系方的行政所困，時常要與中大高層行政方面的人（牟先生稱他們為「假洋鬼子」，表示他們喜歡拿外國的東西來嚇人）周旋，他顯得有點孤立，而覺得辛苦。我想他在講課時表露的不安、不自在的神情，與此可能大有關係。他不是搞行政的那種人才，但由於他有濃烈的文化意識，要推動中國文化運動，要在立言之外立功，對中國的文化路向，起一種指引作用。這是我國知識分子一向具有的擔當精神，唐先生繼承和肩負這種精神，使它產生實質上的影響，絕對是無可厚非的。要有實質上的影響，便要涉足行政。

第二年我除了修唐先生開的形而上學一課外，便是專心寫碩士論文。這是批評唯識宗的轉識成智的成佛理論的，題為「唯識宗轉識成智理論問題之研究」，這也是經唐先生所改定的。他和牟先生算是我寫這篇論文的指導教授。為了寫這篇東西，我看了很多書，

把整個路數弄通，然後擬一大綱，便著手去寫。我很有信心，只就一些重要的觀念與問題請教過牟先生，一個多月後，便順利寫成。他們只把整篇東西改動了幾個字，便通過了。口試時，程兆熊先生向我提出一個很無聊的問題，問我參考熊十力先生的《新唯識論》是文言文本呢，抑是語體文本呢？跟著唐先生發表他的意見，他似乎認為我對唯識宗的批評，大方向是正確的，但語態上過於苛刻。他表示我若參看一下窺基的五重唯識觀的看法，可能會換一個角度來批評唯識宗。牟先生說我把主要意思放在正文來講，把次要的和資料都收在附註中交代，是很好的做法。此外便不發一言，那是他一貫作風。他覺得沒有其他話要說，便真的不說，不像程兆熊那樣總要敷衍幾句。事後牟先生對我說，唐先生的意見，沒有多大意思，要我不必放在心上。又在另外一個場合，李天命對我說，牟先生說你的論文很 logical, philosophical 哩。我知道牟先生的意思是，我寫得很好。

　　第一年我讀得很有興趣，也很用功，結果成績不錯。唐先生推薦我拿哈佛燕京學社獎學金。畢業後，我申請到崇基學院哲學系當助教，系方對我的申請，沒有積極的回應。系主任沈宣仁先生為了要查明我在研究院的底細，特別要陳特到新亞去問，發現唐先生對我的評價很好，於是便聘請我了。早一屆新亞方面的姓鍾的同學也有申請，結果唐先生推薦我，沒有推薦他。事後他跟我說，姓鍾的同學學識比我豐富，而我討論問題，則能深入。他認為深入比豐富好。這便決定了我在崇基學院哲學系當兩年半助教的命運。在那段時期，唐先生出版了幾部鉅著，那便是《中國哲學原論》原道篇三卷和原教篇一卷。他託陳特送一套給我，事後勸我好好學習，好像要我繼承他，走新儒學的路。雖然我最後選擇了佛學，但儒學和新

儒學自始至終都是我最關心的學問之一，我雖未有如他的所願去做，相信他不會怪我。

兩年半後我到日本留學，以佛學為自己生死相許的學問。臨行前向唐先生告辭。他給了我一些意見。一方面，他說日本大學的學制比較寬，不是那麼重視考試，學生做研究有較大的自由度。他的意思是，我可以隨自己的興趣廣泛地吸收彼方在學問方面的長處。另方面，由於我說基本上要在梵文文獻學方面做扎根的功夫，俾能閱讀梵文佛教典籍。他提出除梵文外，亦應留意西藏文。因為印度方面的佛教經論，很多梵文本已失佚，但有西藏文的翻譯，藏於《西藏大藏經》中。我本來已有這個意思，經他一說，我便以學習梵、藏語文與文獻學作為留學日本的主要功課。另外，他又提到西田學派，說這個學派由西田幾多郎所開創，融會東西哲學和宗教學的精粹，而自成一家。由於主要成員都在京都活動，故又稱一般人所熟悉的「京都學派」。他並謂可介紹他所相熟的學派成員阿部正雄先生與西谷啟治先生給我認識，並即時寫了一封致阿部的信給我帶著。此外，他又提到彼方研究中國學問的學者平岡武夫、日比野丈夫、水原渭江。這些學者，我到日本後都認識了。特別重要的是，通過唐先生的介紹，我對西谷啟治先生進行過幾次思想性的訪談，又聽過他講《壇經》的課；我更和阿部正雄先生建立起深厚的師友之間的關係，二十多年來一直有聯繫，至今仍然常有書信往還。我更因此而對京都學派哲學產生濃厚的興趣與根本的理解，寫了幾本這方面的專書，成為中、港、臺方面介紹、闡釋和評論京都學派哲學的先驅人物。而這套哲學對爾後我構思自己的純粹力動現象學體系，起著一定的啟發和刺激作用。

1976 年 8 月，我在日本的留學生涯快將完結，在回香港的前

夕，我寫了一函給唐先生，希望能在新亞研究所當一年副研究員，
並希望能有一千元的月薪，作為研究費，俾我能安心與專心編寫一
部梵文文法書。我的意思是，我在日本主要是學梵文的，一直都非
常用功，一分一秒都不肯放過，因此略有小成。由於梵文是大乘佛
學的基本語文，若不弄通這種語文，是不能就文獻學方面通於印度
佛學的，因此需要有一部梵文文法書，供人作為學習梵文的門徑。
而當時在漢語界又未有一本這種性質的書，故這種書的編纂，是有
需要的，也能將自己的所學，貢獻出來。當時我覺得提出這個要
求，是很合理的，一定能得到唐先生的支持。實際上，唐先生便曾
力勸我學好梵、藏文，因這正是日本學者的長處所在。唐先生很快
便回信了，關於研究費的事，卻說「愛莫能助」。當時霍韜晦正訪
問日本，新亞研究所圖書館給了他五千元，讓他代購置日文的佛學
參考書。我心想，研究所能拿五千元購置日文參考書，卻不能拿一
萬二千元給我當一年的研究費，編寫一部有用的書，是甚麼道理
呢？那些日文書買回來，給誰看呢？還不是給霍韜晦一個人看麼？
其他的人都不懂日文。我因此想到唐先生做事是取兩重標準，對新
亞研究所出來的人是一種態度，對其他的人是另一種態度。他對新
亞研究所顯然情有獨鍾，曾多次舉薦它的畢業生拿雅禮協會或其他
機構的錢到日本、美國留學或做研究，又積極幫助他們入中大哲學
系任教。實際上，以新亞研究所畢業的學歷，當時是難進中大的。
[2]其後霍韜晦也對我說，他承認唐先生照顧學生，確有不周遍的地
方。關於這件事，一些朋友（他們也是唐先生的學生）如陳榮灼、

---

[2]　但這些先生們，在唐先生後期與中大行政高層人士就改制問題力搏時，都
　　躲藏起來，不敢挺身而出，為受業老師打打氣。關於這點，我的朋友楊祖
　　漢後來在追悼唐先生的一篇文字中也向這些先生們提出質疑，表示不滿。

廖鍾慶等也覺得有問題，曾先後向唐先生說項，謂吳汝鈞是一個人才，應該支持他，不可讓他在外邊飄蕩。他們真夠義氣。聽說唐先生很不高興，把他們罵了一頓。這件事牟先生也知道了，他對我說新亞研究所是臺灣教育部資助的，唐先生恐怕有一天教育部不支持了，因此要節儉，讓研究所可以維持得久一些。但我仍然感覺困惑，霍韜晦到日本訂購書籍，不是也要用錢嗎？況且這些書的用途也不廣。不過，這件事很快就過去了，翌年 6 月，我便申請得 DAAD 獎學金到德國了。

在赴德的前夕，那是 1977 年 6 月，我向唐先生辭行。他那時已病得很重，是肺癌，已割去一部分肺葉。唐師母本來不讓他見客，但他最後還是見我。我在他的臃腫的形象中，見到一個哲學與文化運動的巨人好像快要崩頹了，心中有點震驚，也很難過。我談了一會，大概半個小時，說一聲珍重，便告辭了。那是我最後一次見到他。我到德國後不久，發生了意外，由於極度疲勞而病倒，而且自覺非常嚴重，有《維摩經》所說「病幾至於死」的感覺。[3]我寫了一封信給唐先生，表示情緒低落，對為學失去了意願，無復在日本時的那種鬥志。又說讀這樣的東西：哲學，前途沒有保障。唐先生反應得很快，他馬上回函，要我不要氣餒，我還有一條很長遠的路要走，應趕快回復在日本時那種為學的積極意欲。至於前程問題，以後再想。到了那年聖誕，我寄了一幀賀卡給他，並祝願他能康復，繼續從事有益於中國文化的事。他也回寄一卡，以「努力崇明德，隨時愛景光」一語勸勉。這是我最後收到的唐先生的文字

3　關於這次發病、治療與痊癒，我曾在拙著《苦痛現象學》中有詳細交待。

了。翌年 2 月初，他便逝去。[4]

　　唐先生的逝去，對我來說，是一個難忘的經驗。他死後十五年間，我總覺得他一直沒有死，音容還在左右。我並不是不接受他的死，而是率直地感覺到他實在沒有死。這種感覺，直至他死後二十多年後的今日，還依稀地掛繞在心頭。可見他感人之深。在各位師友中，我對他感念最深，亦只曾對他寫過悼念的文字。我不大喜歡寫悼念師友的文字，我覺得這是很私人的事。但對於唐先生，這是一個例外。他死後，我一直感念他，如同感念自己逝去的母親一樣。他的為人，其中一點令我心懷感激而不能忘記的事是，他對後輩提出的問題，總是那樣親切地、關心地回應的，完全沒有大師的那種傲慢與矜持，也從不擺架子。記得我在日本留學時，在京都的大谷大學的《東方佛教徒》（*The Eastern Buddhist*）刊物的辦公室碰見任教日本佛學的坂東性純先生，他把我請進他的辦公室中，提出淨土宗的一句話語「指方有在」，問我應作何解釋。我一時也沒有主意，表示要問一下我的老師，我是指唐先生。當晚我便寫了一函給唐先生，提出這個問題，他很快便有回應，詳細地提出他的看法，說其意是我們指到哪個方位，都有阿彌陀佛的淨土在。即是，淨土並不局限於西方極樂世界，而是無處不在的，只要有嚮往淨土之心，淨土便在目前。

　　最後，我想簡單地談一談唐先生的著作，特別是他較後出版的《中國哲學原論》原道篇三卷與原教篇一卷。關於唐先生的著作，

---

[4]　唐先生的逝去，那時我還在德國。我是閱讀朋友由香港寄來的報紙才知道的。當時〈明報〉曾用了整篇社評來敘述唐先生。它說唐先生實具備了中國文化最優秀的部分，我想那是指他的寬厚的懷抱與對中國文化的熱愛與關心吧。

很多人都討論過了。勞先生和牟先生似乎比較欣賞他前期的著作，即表示他自己的哲學思想方面的，如《道德自我之建立》和《文化意識與道德理性》之類。對於他的有關中國哲學研究的著作，如《原論》，好像不那麼重視。牟先生更曾對我說，他最後四部《原論》，都是重複以前寫的書的意思，沒有甚麼新意。我不同意這種看法，牟先生自己恐怕也沒有細讀唐先生的這些《原論》，他大概以為他自己的著作立意明確，在表達上有清晰性與系統性。唐先生則往往對一個觀念或問題重重複複地說個不停。我以為這樣只表示唐先生不善於表達自己的學問與思想，但不表示他的著作中沒有學問與思想的內涵。相反地，我覺得唐先生的這些著作有非常豐厚的學問與思想內涵，他的表達方式是層層轉進，說到上一層次，常常要指涉回下一層次，這是他重複來說的主要原因。他在表達上不夠善巧，也確是事實。但它的內涵，是不可置疑的，我們若能耐心地、虛心地看，看第一遍不懂，便再看第二遍，那些精采的義理便出來了。而且他的說法比較凝重保守，他是以一種同情的態度來論中國哲學的，他較喜歡從深刻處發掘思想家、哲學家在義理上有分量、有價值的見解，所以在批評方面便比較少。他不像牟先生那樣醒目，喜歡以明確的概念話語，為哲學家定位，如定朱子是「別子為宗」之類。我想他與牟先生表示出兩種不同的為學取向與表達方式，牟先生的論點，比較容易得人好感；唐先生的論點，因為常出之以艱澀的原故，往往令人望而卻步。

可以這樣說，唐先生的《原論》是一個義理的大海，汪洋無涯，不易湊泊。但處處藏著精深獨到的義理內涵，我們實不應忽視。譬如說，他論佛學，特別是有關智顗大師的判教方面和法藏大師的法界觀方面，很明顯是採取層層轉進的具有辯證意味的方式來

進行，你必須仔細地把全文讀完讀通，才能領會其中的深刻的義理與精密的思考。他論道家老子的道，以六義貫釋與四層升進來詮釋這道的觀念，在很多義理上都發前人所未發，你很難想像老子的道是可以這樣理解，而且理解得那樣多面與通透。總的來說，《原論》是中國哲學的一個大寶山，但你必須耐心地慢慢發掘，才能領略到其中的精義。倘若入寶山而空手歸，那是很可惜的事。

附錄二　努力崇明德，隨時愛景光 ──痛悼唐君毅先生

吳汝鈞

　　今天是二月十三日，清晨正在傾聽貝多芬的絃樂四重奏，一邊拆閱朋友從香港寄來的明報，猛然發現第一篇的報導，竟是社評敬悼本月二日逝世的唐先生的短文，一時默默無語，貝多芬的音樂頓成哀音，西方的十三竟真是不祥之兆。

　　還記得月初才收到唐老師及師母寄來的賀年卡，上有老師所題「努力崇明德，隨時愛景光」的勉語，筆勢還相當強韌有力；內心正自慶幸老師近日稍得恢復些精力了吧。不意那時老師已不在人間了。這兩句題語，恐怕是他老人家逝世前最後的手蹟之一。

　　唐先生的病似乎持續了多年，時好時壞，終於不免倒下了。儒家說君子不言生死，而說始終；佛教也教人超越生死。唐先生的智慧，洞參儒佛，死亡對於他來說，恐怕是一種歸宿的意義而已。但從人情一面來看，他的逝去，總是一客觀的現實；他的音容不再，總使受到他的德慧所感染的人不能無憾。

　　筆者之得遇唐先生，而受業於其門下，那是八九年前在中大讀研究院的時候。而看他的述作，則更是再早幾年的事了。他寫的

書，大體都看了。其中的《哲學概論》與《中國哲學原論》是洋洋數百萬言的專著，充分顯現出作者學問的廣度深度與思辨力的強度。不過特別留有深刻印象的，卻是一些小品，例如《人生之體驗續編》和《人文精神之重建》中的一篇〈懷鄉記〉。前者歷寫人生的嚴肅與艱難，但卻不流灰調，而無寧處處表現著一種超拔而挺立的生命力量。後者暢舒作者的鄉土情懷，洋溢著農村的大地泥土的芬芳氣息。實際上，唐先生的這類作品是很多的；這都是廣大的天地宇宙意識與深邃的人生智慧的結合。

最能代表唐先生在哲學上的理論立場的，恐怕是他的《道德自我之建立》與《文化意識與道德理性》二書。此中所論的正是文化哲學的核心問題。唐先生透過這二書，理論地論證確立人類的一切文化活動，其根皆在於一整一的道德理性，由此而奠定人文的尊嚴與價值。「文化自心性中流出」一觀點，很早便由馬一浮提出了，但恐怕要到唐先生這二書出，才成為一真系統的哲學。這是順著中國傳統強調建立內在的道德主體性而再向外在的客觀的亦即是外王的文化方面推前一步的結果。推前一步是必要的，但不能遠離道德的主體性，因為只有它才是人文的積極的意義所在。這是唐書的主要旨趣。

中國文化精神缺乏外王的表現，演成在近現代歷史上的種種困擾。這一問題，有心的人士討論已多了。但自王船山黃梨洲以來，真能立於本原的德性主體的精神基礎，以西方的知性精神的民主與科學為參考，以正視這外王問題，而探尋如何從本原的精神中開出這一文化領域的，恐怕要到唐先生及牟宗三先生諸師，才有本質的探究。這是中國哲學發展到目前的歷史任務。在這個意義下，唐牟諸先生的思想，實具有極深遠的意義。

　　倘若我們把視野拓闊，以近代現代東西的思想動態為背景來看，唐牟諸先生的思路，恐怕亦是同等重要。西方自科技工業文明以來，人的生活，在精神生命方面失去了依據，一切的活動的價值要由外在的因素來決定，這已是存在已久的事實。尼采揭穿了上帝是一個神聖的謊言（eine heilige Luege），而宣布祂的死亡，這益增加人們生命的空虛。海德格也常喟嘆現代人是生活於一種無歸宿的狀態（Heimatlosigkeit）中。西方思想家反省到了盡頭，不免要轉移視線，到東方來看看，尋求生命的歸宿。印度人以傳統的精神以名之，（如 S. Radhakrishnan 之振興印度傳統，）但仍失之於虛。日本人則挾其經濟昌盛之勢，以保存、傳播與發揚東方文化為己任。當代日本的思想主流，把從印度與中國吸收過來的佛教中的般若的空（śūnyatā）與禪的無，提煉成絕對無或絕對主體這一觀念，以為可以解救西方文明的生命的飢渴。（日本哲學家久松真一領導一個名為 F. A. S. 的協會，本著禪的精神，要負起這個時代的使命，大受西方人士留意。F 是無相的自我（Formless Self），A 是全人類（All Mankind），S 是超歷史而創造歷史（Suprahistorical Creation of History）。其整個意思是要覺悟到自己的真我，那個無相的自己，而基於全人類的立場，以成就世界，超越歷史但卻永恆地創造歷史。）但絕對無或無相的自我云云，絕對是絕對了，總是無顏色的，因而亦全無內容，難以與人類文化人倫日用的充實飽滿相應。這只與日本人先天的虛無主義的生命情調相應，那恐怕仍是大和魂生命的蒼白。

　　我們可以說，佛教或其他的虛教，是不能單獨承擔這個文化使命的。它能使人擺脫生死苦海，但不能立地成就人倫。前者西方的基督教也能作到，但仍無與於後者。西方社會的一個重要問題，是

生活上缺乏一種人倫的和諧。這問題隨著人的年事日長而變得益為嚴重，而瀰漫著孤獨與不安。（中年以上的人，子女四散，而終日與犬隻等寵物為伴，而得稍慰孤寂，此種現象，在西方異常普遍。）

由此我們不能不回想到儒家的立足於人倫日用所展開的那一套文化理想。這恐怕是最健康最方正的生活理想。關於這方面的問題，唐先生在上面的所提二書及他的《人文精神之重建》、《中國人文精神之發展》、《中國文化之精神價值》、《中華人文與當今世界》諸書中，有充量而切當的闡發。這不是抱殘守缺，而是以現代化的眼光，以深遠的文化哲學的智慧，來本質地指引當前文化應行的路向。倘若我們這樣思考的話，則可以說，唐先生的思想，特別是具載於上述二書的系統的思想，具有重大的時代意義。

使人遺憾的是，西方學者（甚至日本方面的）對儒學的了解，總通過一些不相干的人物來進行，例如胡適、馮友蘭、侯外廬之流，以致不能領略到儒學的真相，不能把握到中國文化精神的本質。西方人了解當代印度哲學，總能列舉出 Sri Aurobindo Ghosh S. Radhakrishnan 諸人；對當代日本哲學的了解，也能如實地知道西田幾多郎、田邊元、鈴木大拙、西谷啟治和久松真一這一大堆人物，但對當代中國哲學的了解，卻常扯到不相干的人物上去。西方學者忽視唐、牟以至熊十力諸先生的著書，致難以真正領略儒學的思想寶庫，也不了解當代中國哲學的實力所在。這對於中西文化的溝通來說，自然也是一種損失。筆者由是附帶想到，如何把唐先生的著書，摘要譯成英語，或以英語介紹其思想的本質，俾外界對儒學以至當代中國哲學，能有深一步的了解，實不失為我們哀悼唐先生的一種有建設性的表示。

　　不過，唐先生和故方東美先生在介紹中國文化到西方方面，自己亦曾作過不少具體的積極的努力。他們常參加東西哲學家會議，或其他的學術會議，以對中國文化有無限熱愛的情懷，具足的學力與智慧，向西方學者述說中國精神的真相。猶記取一九七四年十月，唐先生偕同師母到京都參加一個德國學術機構主辦的文化交流會議，那是以人與自然的關係為題材的。那時筆者正在日本，因此得機會前往旁聽。在其中一個會議上，唐先生以帶有濃重鄉音的英語，娓娓述說中國人之與自然打成一片的天人的和諧觀。當時日本的西谷啟治先生亦在座，主席是德國海德堡的 Fischer Barnicol 先生。會上眾人似乎很感興趣地靜心聆聽，也很重視唐先生和西谷先生的意見。可惜這樣的場合，比較地說，還是非常少見。一般外國學者一涉及中國思想，便總拿馮友蘭的《中國哲學史》（有 D. Bodde 之英譯本）來參考。那是與中國儒家的基本精神難以相應的。

　　唐先生另外有一本小書是很少為人留意的，書題為《愛情之福音》，由此可以看到他生命的另一個面相。書中的主人翁是一個心靈要與梵天冥合的聖者，他靈魂要化成一個宇宙魂。便踽踽獨行，從未經歷過愛情，卻向一群年輕的人述說愛情的道理。這是一種以道德為根基而具有天地宇宙情懷的愛情觀。但這書並未表示是由唐先生所作的，只是他翻譯而已；作者題為一個甚麼斯基人物，大概是俄國人吧。但從書本的內容與行文的姿態看來，都可以使人確信這是唐先生的手筆。一次筆者因持之以問唐先生，請他證實一下。但先生竟一笑置之，顧左右而言他。後來我想，莊子云，筌蹄所以在魚兔，得魚兔而忘筌蹄；言所以在意，故得意而忘言。此書反正是很美的作品，何必苦苦計較其作者呢？

　　這使我們想到唐先生的生活一面。從學問言，先生的思想，將
在當代中國哲學上佔一重要位置，那是無疑的。先生的人格，如何
嘉許，卻是大有困難，因為這不是思想不是學術，而是生活。在生
活上，唐先生所表現的人間的溫情與厚道，是使人感動的，特別是
想到那在現代學術圈子仍相當流行的文人相輕的陋習時，這種溫
厚，便更為難得。先生於魯迅本無微詞，只是「略嫌寡刻」而已。
魯迅所缺乏的，恐怕正是這種溫厚的人情。唐先生的溫厚性情，實
亦表現於學術，這便是尊重他人的意思與研究成果。不過，這種作
法，有時不免帶來非議，如「兼收並蓄，漫無標準」之類。筆者以
為，這用之以形容唐先生，顯然是過當的。從大處看，他對學術標
準，仍守得相當嚴格。

　　幾年前，唐先生送我一部書，題為《思復堂遺詩》，那是他老
人家的尊母思復堂女士的遺作。書中雖全是詩作，但無寧是一種人
倫的溫潤慈靄的感情的流露，或者說，這是溫柔敦厚的詩教的表
現。筆者讀後感覺是，這種溫柔敦厚的母性，薰浴於農村大地的純
樸氣氛中，其背景必是一偉大文化的倫理。先生的尊父唐廸風先
生，早年逝世，但他對先生在生活與思想上的影響，卻相當巨大。
此點略見於先生的一些追念先人的文字中。筆者曾見過唐先生的
《孟子大義》一書，其中有先生的後跋，追念其尊父的一些遺教，
其意略謂人雖能以功業彪炳世間，但倘於人倫日用方面有差，亦不
能無憾云云。此言既深且遠。實透露出不能輕視生活的倫常日用一
意思。孫中山先生功在家國，其人格本無可疵議，惟猶以再娶一
事，而留憾於歷史。倫常日用之不能無慎可知。

　　故唐先生的溫厚性情，除自身時時警惕和陶養外，在家庭教育
方面實亦有其淵源。

　　先生大半生從事教育事業，播下無數智慧種子。他教學、著書而外，又兼行政之務。後者恐怕花去他不少時間與精力，而效果又似欠理想，特別是辦理新亞研究所為然。故有人以為，倘若他不兼雜務，而專事撰著，可能有更佳之效果。關於這點，從一面言，誠然如是；但從另一意義言，或可以說，從更深一層言，則這亦不必不能視為先生要求表現事功的意願。學者而在香港這種環境辦學，無堅實的經濟背景依賴，而又要維持文化理想，其艱難自是可想見的。唐先生要求事功，參予事功之事，而未能有大成果，固是可惜，但至少已樹立起一種榜樣，一種學者的理想形象──不是空議論，而是實踐。這種事業的真正價值，自亦不應就目前的有限的成果來衡定。義在於人，命歸於天。孔子在兩千多年以前，已清楚地把這兩者的界線劃開了。（勞思光先生的說法是，義是主觀意願，命是客觀限制。）說到孔子，筆者想起唐先生晚年做了一件很有意思的功德。那時批林批孔運動進行得火熱，香港這邊亦很有些人做應聲蟲的。在紛眾囂擾中，唐先生挺身而出，力排眾議，直斥批孔之非是，力言不容誣枉孔子為歷史的罪人。這篇文章題為論孔子誅少正卯的，好像發表於明報月刊的某期。後來國內局勢急轉直下，毛澤東死亡，四人幫一夕竟成階下囚。批孔之聲頓然沉下。至本年初，國內《歷史研究》月刊一月號竟發表文革以來第一篇為孔子辯護的文章，題為〈論孔子誅少正卯〉，這不啻是北京替孔子恢復名譽的先聲。我想這必是唐先生逝世前最樂意聽聞的事情，也是他老人家最後堪以告慰的。

　　筆者最後見唐先生，是去年六月初起程來德的前數日。那時雖是向他告辭，但已預感到，這可能是最後的會面了。不意此感果成事實，思之淒然不已。望望外邊，一直飛舞著的雪花已經止息了，

街上的行人也漸漸歛跡，但願逝去的人皆得安寧。西諺云：精神不死。我極願意相信這是一永恆的真實。

（一九七八年四月，《明報月刊》第十三卷第四期）

後 記

　　唐君毅先生的哲學，內容深邃、寬廣，表達曲典折折，重重轉進，最後達於一綜合的、諧和的理境。他的著作又常以冗長語句出之，也遍滿艱澀的用詞，解讀不易。這本小書也不能例外。若能在語句和句讀上作些修整，把用詞通俗化、當代化，可讀性自然提高。但這需要很多時間與精力。我目前正在病中，不能這樣做，只能照原來的面目出版。好在書中的內容，能夠按步理解，只用些心思便可。另外，書中各篇，有多次重複，但各篇都是獨立成章，重複之處，不好刪剪，故今以原來狀貌出版，讀者諒之。

國家圖書館出版品預行編目資料

唐君毅哲學的對話詮釋

吳汝鈞等著.－初版.－臺北市：臺灣學生，2019.07
面；公分

ISBN 978-957-15-1807-7 (平裝)

1. 唐君毅 2. 學術思想 3. 哲學

128.7   108008723

唐君毅哲學的對話詮釋

著　作　者　吳汝鈞等
出　版　者　臺灣學生書局有限公司
發　行　人　楊雲龍
發　行　所　臺灣學生書局有限公司
地　　　址　臺北市和平東路一段 75 巷 11 號
劃 撥 帳 號　00024668
電　　　話　(02)23928185
傳　　　眞　(02)23928105
E－mail　student.book@msa.hinet.net
網　　　址　www.studentbook.com.tw
登記證字號　行政院新聞局局版北市業字第玖捌壹號
定　　　價　新臺幣二八○元
出 版 日 期　二○一九年七月初版
I　S　B　N　978-957-15-1807-7

12819